高级汉语

Learning Advanced Chinese Idioms

张秋生 编著

北京语言大学出版社
BEIJING LANGUAGE AND CULTURE UNIVERSITY PRESS

图书在版编目（CIP）数据

高级汉语熟语教程 / 张秋生编著. -- 北京 : 北京语言大学出版社，2022.3（2025.3重印）
ISBN 978-7-5619-6020-2

Ⅰ. ①高… Ⅱ. ①张… Ⅲ. ①汉语－熟语－教材
Ⅳ. ①H136.3

中国版本图书馆 CIP 数据核字（2021）第 251971 号

高级汉语熟语教程

GAOJI HANYU SHUYU JIAOCHENG

排版制作：北京创艺涵文化发展有限公司
责任印制：邝　天

出版发行：北京语言大学出版社
社　　址：北京市海淀区学院路 15 号，100083
网　　址：www.blcup.com
电子信箱：service@blcup.com
电　　话：编 辑 部　8610-82303647/3592/3395
国内发行　8610-82303650/3591/3648
海外发行　8610-82303365/3080/3668
北语书店　8610-82303653
网购咨询　8610-82303908
印　　刷：天津鑫丰华印务有限公司

版　　次：2022 年 3 月第 1 版　　印　　次：2025 年 3 月第 2 次印刷
开　　本：889 毫米 × 1194 毫米　1/16　　印　　张：15.25
字　　数：190 千字
定　　价：60.00 元

PRINTED IN CHINA
凡有印装质量问题，本社负责调换。售后QQ号1367565611，电话010-82303590

前 言

《高级汉语熟语教程》是为中高级水平汉语学习者编写的口语教程，旨在帮助学习者掌握生活中常用的熟语（惯用语、俗语、歇后语、成语）及其附带的中国文化知识。

教材特色

1. 主题鲜明

每课都有一个独立的主题，涵盖了恋爱、婚姻、家庭、教育、择业、业余爱好、养老等常见话题，并且课与课之间相互关联，有清晰的发展脉络。

2. 精心谋篇布局

全书有清晰的故事发展脉络，书中人物都有固定的身份和个性。每课课文情境设置简单明了，行文对话流畅紧凑，语言生动有趣，帮助学习者更好地理解和掌握熟语。

3. 选词注重实用性

全书以熟语为主，包括惯用语、俗语、成语、歇后语及其他常见口语词语等，共约500个。既引入了大量影视作品中出现较多的习惯用语，也引入了一些当代流行语。同时也吸纳了生活中常用、容易产生歧义、一般词典中又查不到的词语，如："别说""不干"等。

4. 练习强调语言的应用性

每课设有巩固练习和拓展练习，由易到难，层次分明。大量练习都给出了典型的情境，让学生在情境中真正掌握熟语的用法，使自己的表达更丰富，更地道。

教材结构

全书共15课，每课包括热身、课文、注释、词语例释、练习及交际提示。

1. 热身：包括讨论和交际提示两部分，讨论问题直接与课文主题相呼应，交际提示提醒学生本课需要掌握的具有交际功能的语言点。

2. 课文：课文为对话体，共计15篇。主题如下：

第1～4课：爱情、婚姻、子女教育

第5～8课：同学或朋友相处、相交

第9～13课：个人择业发展、公司人才招聘、公司间竞争合作

第14～15课：业余爱好及老年生活

3. 词语：每课精选词语 30 多个。每课词语分为两部分：普通词语（只做注释）和疑难词语（举例解释）。词语释义以《现代汉语词典》（第 7 版）为标准，词语例句均结合常见典型语境呈现，更利于学生理解。

4. 练习：包括巩固练习和拓展练习两部分。巩固练习的第一部分为选词填空，每课 2 至 3 题，以课文为依据，形式上由对话体变成叙述体；巩固练习的第二部分是根据情境用提供的词语表达，每课设定 8 个左右的典型情境并提供表达所需要的重点词语，请学生转述。拓展练习主要是让学生根据提示进行对话表演，教师可根据学生水平及课时安排选做。练习的参考答案可在北京语言大学出版社官方网站 www.blcup.com 下载或者扫描书后二维码下载。

5. 交际提示：把每课学习的重点词语根据交际功能分类并给出例句，为学生复习提供参考。该部分也是对热身部分的呼应，教师可选讲。

教学建议

建议 4 课时完成 1 课，全书可供一个学期使用。

1. “注释”部分的词语教师可根据学生的语言程度单独讲解，也可以结合课文讲解，或者让学生自己预习。“例释”部分的词语教师需要结合例句重点讲解，这一部分词语的特点是常带有感情色彩，或者背后蕴含文化知识，需要结合例句提供的语境才能比较好地理解和掌握，如：“你是谁呀”“山不转水转”“捅破窗户纸”等。另外，所给的例子不是简单的词语造句，而是与生活紧密联系的实例，既可以为学生补充知识，也可以增加词汇量，它们同样需要教师讲解、学生掌握。

2. 巩固练习的选词填空部分既用于检验学生对课文及重点词语的掌握程度，也是学生复习的依据。填空完成后，教师最好要求学生朗诵，甚至背诵。情境设定部分是为了提高学生的语言应用能力，也是每课的重点。需要强调的是，所设定的情境并不是对词语的简单解释，而是提供了更加宽泛的、更具想象空间的语言环境。

本教材的编写得到了北京语言大学出版社的大力支持，感谢国际中文教育事业部的编辑郭冰女士为本教材提供了宝贵的修改意见；感谢北京地球村语言学校为本教材提供了试用机会。

编者

2021 年 8 月

目　录

第一课 纠结的爱情

热身

讨论：

1. 如果无法确定两个人以后能不能在一起，你还会继续跟对方谈恋爱吗？
2. 在你们国家有没有父母逼婚的事情？你怎么看这个问题？
3. 现在很多年轻人都恐婚，你怎么看这个问题？

交际提示：

如果对方有难以决定的事情，不知道应该怎么办，你怎么劝说他呢？

课文

（赵映辉与林海学是研究生同学，也是室友。周末深夜，两个人在宿舍聊天儿。）

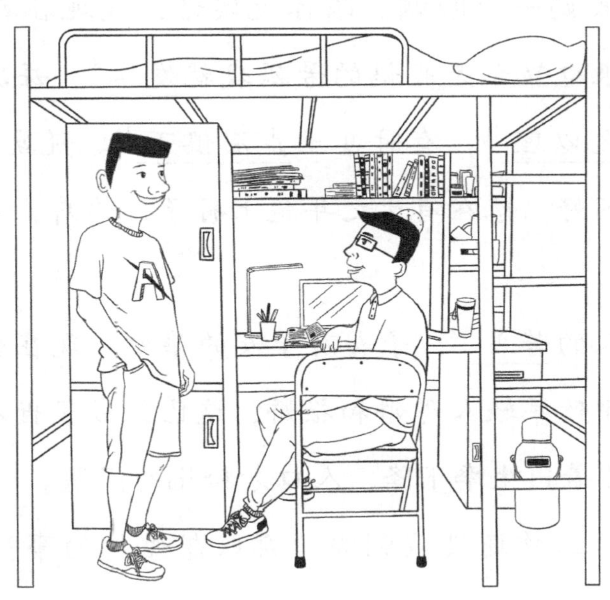

赵映辉：**大**周末**的**，你怎么还看书哇？陪我聊会儿天儿吧？

林海学：我这叫随时充电。现在不多读点儿书，等工作了哪还有时间哪？特别是咱们这些靠耍笔杆子[1]吃饭的，不读书写什么呀？不是说读书破万卷，下笔如有神[2]吗？

赵映辉：和你一比呀，我就是个凡夫俗子[3]。你可是咱们系公认的才子呀。

林海学：才子不敢当。快毕业了，总有一种时间不够用的感觉。古今中外的图书浩如烟海[4]，我就是白天黑夜**连轴转**地读，又能读几本呢？

赵映辉：所以我干脆不读！**这不**，就想和你聊天儿。和你这大才子聊天儿不比看书收获大？

林海学：**耍贫嘴**！我哪有你脑子那么灵啊！我这叫笨鸟先飞[5]。对了，你最近是不是有什么心事呀？

赵映辉：的确，刚认识了一个女孩儿，我觉得她对我有点儿意思[6]。

林海学：是吗？不是你**自作多情**吧？

赵映辉：本人虽然算不上高富帅[7]，但也是一表人才[8]呀！

林海学：去年跟你分手的生物系的女孩儿多好哇，**打着灯笼也难找**，不懂得珍惜，说吹就吹了。

赵映辉：你说话和我妈**一个腔调**。跟你说实话，我现在都不敢接我妈的电话，一看来电显示是我妈的号码我就发怵[9]。每次都是催婚，动之以情，晓之以理[10]，有时甚至声泪俱下[11]。说就我这么一个儿子，她身体又不好，想在有生之年抱上孙子。你看，不结婚都觉得对不起父母。

林海学：老人有老人的苦衷[12]，子女有子女的难处。现在就业压力大，生活成本高，导致年轻人恐婚和拒婚，这已经成了世界性的问题。很多国家都面临着出生率下降、人口老龄化的问题。

赵映辉：就说我吧，工作还没找到呢，哪敢想婚姻的事？今天她约我看电影，我拒绝了，我要好好考虑考虑。

林海学：**得便宜卖乖**！谁信呢！撒谎都不脸红！

赵映辉：我今天本来就想跟你聊聊她，让你帮我拿个主意。我现在挺纠结[13]的。马上就要毕业了，我跟她的工作都没有确定下来，未来能不能生活在一起更是一个问题。唉，现实让人左右为难呢。

林海学：事情哪有**两全其美**的？你别身在福中不知福！美女请你看电影，你还不领情[14]？

赵映辉：别说我了，说说你和教授的女儿吧。

林海学：她一心考研，整天泡在图书馆，哪有时间谈情说爱？我俩一周约会一次，连看电影、听音乐会她还**见缝插针**看会儿书呢。

赵映辉：标准的学霸，你俩绝配。我看你还是抓紧点儿，别**拖泥带水**的，赶快把关系定下来。这么好的女孩子，惦记的人多着呢！你要不是教授的得意门生[15]，他能把自己的掌上明珠[16]介绍给你？

林海学：说到爱情和婚姻的关系，我是这么看的，当我们看到对方的优点时，产生了爱情，能接受对方的缺点才是婚姻。我俩磨合[17]两年了，都没想给对方提过高的要求，早已彼此接受。所以，我们都相信，我们是能走进婚姻殿堂的。

赵映辉：难怪人家都说"**真金不怕火炼**"，能把初恋发展到婚姻的只能是你俩这样的人了，这一点我是**自愧不如**了。

注释

1. 耍笔杆子（shuǎ bǐgǎnzi）：从事写作。
2. 读书破万卷，下笔如有神（dú shū pò wàn juàn，xià bǐ rú yǒu shén）：读书多，写作时轻松容易。

3. 凡夫俗子（fánfū súzǐ）：平凡的人。
4. 浩如烟海（hàorúyānhǎi）：形容书籍或资料非常多。
5. 笨鸟先飞（bènniǎo-xiānfēi）：谦辞，比喻能力差的人因为担心落后，所以比别人先行动。
6. 对……有意思（duì…yǒu yìsi）：表示喜欢某人，多用于男女之间。
7. 高富帅（gāo-fù-shuài）：网络流行语，对高大、富有、帅气的年轻男子的戏称。白净、富有、漂亮的年轻女子被戏称为“白富美”。
8. 一表人才（yìbiǎo-réncái）：形容人相貌英俊，风度潇洒。
9. 发怵（fāchù）：害怕；畏缩。
10. 动之以情，晓之以理（dòng zhī yǐ qíng，xiǎo zhī yǐ lǐ）：用感情来感动人，用道理来说服人。
11. 声泪俱下（shēnglèi-jùxià）：边诉说，边哭泣，形容极其悲伤。
12. 苦衷（kǔzhōng）：痛苦或为难的心情。
13. 纠结（jiūjié）：事情纠缠不清，互相矛盾；心烦，为难。
14. 领情（lǐngqíng）：接受别人的好意而心怀感激。
15. 得意门生（déyì ménshēng）：最满意的学生。
16. 掌上明珠（zhǎngshàng-míngzhū）：比喻极受父母宠爱的儿女。
17. 磨合（móhé）：比喻在彼此合作的过程中逐渐相互适应、协调。

词语例释

1. 大……的（dà…de）

释义：强调某种时间、场合、身份等。

（1）聚会第二天，妻子小丽感冒了。丈夫宋奇一边照顾她，一边埋怨道：

"大冷天的，你偏要穿裙子，昨天是风光了，今天难受了吧？"

（2）宋奇：怎么还不向女朋友求婚？

李刚：我怕被她拒绝。

宋奇：大男人的，这有什么可怕的？

2. 连轴转（liánzhóuzhuàn）

释义：白天黑夜连续做事。

（1）宋奇的岳母住院了，他想去医院照顾。妻子说："还是我去吧。你白天工作，晚上照顾病人，这么连轴转，我怕你身体受不了。"

（2）宋奇：经理说这批货对方要得急，这几天恐怕要干通宵了。

李刚：这么连轴转地干，员工受得了吗？

3. 这不（zhèbu）

释义：是"这不是吗"的省略语，指出事物当前的状况。多在对话中用作插入语，为前面所说的情况举证。

（1）宋奇：看见我眼镜了吗？

小丽：这不，你自己放在这儿的，这么快就忘了。

（2）宋奇：朱师傅找了个兼职，晚上也工作。这么连轴转地干，身体哪受得了？这不，昨天住院了。

4. 耍贫嘴（shuǎ pínzuǐ）

释义：说些无聊的废话或开玩笑的话。也说"贫"。

（1）看着厨房里忙碌的妻子，宋奇说："我确实很想帮忙，可我知道你是个特别要强的人，不喜欢别人插手，所以我就……"妻子小丽不耐烦地打断他："行了，你就别在这儿耍贫嘴了！快去看你的电视吧！"

（2）李刚约会迟到，女朋友小茹生气地说："你根本就不把我放在眼里！"

李刚一边道歉，一边耍贫嘴："你说得对，我确实没把你放在眼里，我把你放在心上了。"

5. 自作多情（zìzuò-duōqíng）

释义：贬义。（1）自己这一方做出种种表示，想以此得到对方的好感；（2）以为自己是对方喜欢的人。

（1）李刚：我提出很多意见，也是为了小胡好。因为我觉得他的方案还可以，我想帮他把方案变得更加完善。

宋奇：你这是自作多情。你在大会上一下子提了那么多问题，你没看见小胡的脸色都变了吗？

（2）宋奇：今天什么日子，太阳从西边出来了，居然给我买这么好的酒？

小丽：你别自作多情了，这是给朱师傅买的生日礼物！

6. 打着灯笼也难找（dǎzhe dēnglong yě nán zhǎo）

释义：古人在夜里或者在暗处找东西需要打着灯笼，这样看得更清楚，找得更容易。比喻非常难得。

（1）知道李刚和小茹谈恋爱了，宋奇为他高兴，但提醒他："小茹不只是漂亮，还通情达理，这样的女孩子打着灯笼也难找，你得珍惜。"

（2）小丽：把老相机扔了吧，还留着它干吗？

宋奇：千万别扔，这款相机打着灯笼也难找了，在古玩市场可值钱了，比数码相机贵多了。

7. 和……一个腔调（hé…yí gè qiāngdiào）

释义：说话的内容或语气和某人一样，多含贬义。

（1）小丽背后嘱咐丈夫宋奇："以后你在孩子面前说话注意点儿，他处处模仿你，连说话都和你一个腔调了，回答个问题嘻嘻哈哈的，一点儿也不认真。"

（2）母亲提醒女儿小丽："别给老公那么多规定，不许干这个，不许干那个，你是他老婆，不是他老妈，说话不能和老人一个腔调！"

8. 得便宜卖乖（dé piányi màiguāi）

释义：得到好处后在别人面前卖弄或故意装出无所谓、不高兴的样子。

（1）李刚：唉，人长得帅吧也麻烦，天天有美女追在屁股后面，非要和你交朋友，想甩都甩不掉。

宋奇：行，你就得便宜卖乖吧！一会儿我把这话告诉你女朋友！

（2）老同学给了宋奇一个最新款手机。

宋奇：买这么高级的干吗？我哪用得着哇？可没办法，老同学非要给我。

小丽：别得便宜卖乖了！心里不知道多高兴呢。自从人家送给你，手机离手了吗？

9. 两全其美（liǎngquán-qíměi）

释义：做一件事顾全两个方面，使两方面都好。

（1）母亲给李刚打电话，催他结婚，让他找个本地的，既解决了婚姻大事，将来生活上也有个照顾，两全其美。

（2）宋奇：与成信公司合作的事恐怕不成了。

李刚：他们有资金，咱们有人脉，合作是两全其美的事，他们没道理不同意呀！

10. 见缝插针（jiànfèng-chāzhēn）

释义：比喻尽量利用一切可以利用的空间或时间。

（1）宋奇：朱师傅，您也太有生活情趣了，卫生间里也摆着花儿，连上个卫生间也要闻着花香？

老朱：没办法，阳台没地方了，只能是见缝插针，哪个房间有空儿就放一盆。都是鲜活的生命，舍不得扔。一会儿你拿走一盆。

（2）开会前，李刚拿出小本儿背外语单词。

宋奇：从没见你这么用功过，太阳从西边出来了？

李刚：唉，小茹给我的任务，给我一年时间，外语能力要达到她的水平，否则别想做她的男朋友。只有一年的时间呀，不见缝插针地学行吗？

11. 拖泥带水（tuōní-dàishuǐ）

释义：比喻做事不干脆或说话、写文章不简洁。

（1）宋奇把工作总结念给妻子小丽听，刚念了一段就被小丽打断了："干了什么你就写什么，语言简洁，条理清晰，让领导一目了然。你瞧你这拖泥带水的，得上万字吧？等你们领导读完了，早忘了你干了什么了。"

（2）李思明要辞职，朋友出主意："既然决定了就不要犹豫，要是拖泥带水的，既想要换新工作，又舍不得原来的工作，结果很可能是两头都不得好。"

12. 真金不怕火炼（zhēnjīn bú pà huǒ liàn）

释义：比喻真正坚实的关系或有真才实学的人经得住考验。

（1）宋奇谈成一笔大生意，公司给了他奖励。妻子很高兴，宋奇告诉她："这笔生意能谈成，离不开李刚的帮助。真金不怕火炼，关键时刻才能看出谁是真朋友！"

（2）宋奇第一次带小茹去和外商谈判，回来向同事感叹："都说小茹能干，这么难的生意能谈成，果然是真金不怕火炼！"

13. 自愧不如（zìkuì-bùrú） ____________________

释义：因觉得不如别人而自感惭愧。

（1）小丽：你尝尝我炒的菜，是不是比你炒的好吃？

宋奇：不用尝，肯定炒得比我好，这方面我自愧不如，所以，今后炒菜这活儿还是你来干吧。

（2）宋奇带小茹和外商谈生意，回到公司不住地夸奖小茹："小茹这外语真是没说的，连老外都夸奖，我自愧不如哇！"

巩固练习

一、根据课文内容选词填空。

（一）

得便宜卖乖　领情　纠结　两全其美　打着灯笼也难找　和老人一个腔调

赵映辉最近挺____________的，刚认识了一个女孩子，对他有点儿意思，不过马上要毕业了，两个人的工作都没有确定，未来能不能生活在一起更是一个问题。林海学说他是____________，事情哪有____________的？他批评赵映辉不懂得珍惜感情，去年生物系那个女孩儿____________，说吹就吹了。赵映辉不____________，觉得林海学说话____________。

（二）

磨合　得意门生　自愧不如　拖泥带水　发怵　苦衷　动之以情，晓之以理

最近赵映辉一看来电显示是妈妈的号码就____________，每次都是催

婚，______，有时甚至声泪俱下。林海学觉得老人有老人的______，子女有子女的难处。相比之下，林海学和女朋友______两年了，早已彼此接受，他自信二人是能走进婚姻殿堂的。这一点赵映辉______。他劝林海学抓紧点儿，别______的，赶快把两个人的关系定下来。要不是林海学是教授的______，教授怎么可能把自己的掌上明珠介绍给他呢？

二、根据所设情境用提供的词语表达。

1. 你跟朋友聊天儿，说在街上遇到一个女孩儿，她说来这里旅游，手机钱包都丢了，想让你借给她一些钱，边说边掉泪。你当时也挺为难的，既担心她是个骗子，又怕她真遇到了难处。（声泪俱下　纠结）
2. 课堂上，你的同学回答完老师的一个难题后，你夸他果然是老师喜欢的学生，经得起考验。自己不行，还是当个普通人吧。（得意门生　真金不怕火炼　自愧不如　凡夫俗子）
3. 你第二天要见导师，讨论论文开题的事情，你心中没底。同屋开玩笑说你是才子，用不着担心。你回他说："别开玩笑了，什么才子呀，就是一个普通人！一说见教授我就害怕，见面说什么呀？"（耍贫嘴　凡夫俗子　发怵）
4. 同事抱怨说自己最近分到的工作太多太累了。你不高兴地说："你是故意的吧？你说咱俩谁的活儿多？经理刚通知我，今天晚上又得加班。周末还得这么干，你还觉得自己委屈吗？"（得便宜卖乖　这不　大……的　连轴转）
5. 面对两份工作，朋友一直犹豫不决，总想找个各方面都好的。你劝他赶快定下来，他不听，结果工作机会全丢了。你过后跟家人聊这件事。（纠结　两全其美　拖泥带水　领情　这不）
6. 你劝朋友不要跟陌生人合租房子，朋友没有听，你的爱人批评你："你怎么说话和老人一样？本来是件对双方都有好处的事，你却自作主张，多管闲事！你看，

人家根本不接受。”（和……一个腔调 两全其美 自作多情 这不 领情）

7. 同事聊起家中一些麻烦事，你说：“谁都有麻烦，我也是天天为孩子的学习操心。让他别玩儿游戏了，多读点儿书。每天讲这些大道理，可以说用尽办法了，可他根本听不进去。”（苦衷 动之以情，晓之以理）

8. 同事抱怨自己的老公不会干家务，做菜不好吃什么的，你劝她：“两口子过日子需要互相适应，人哪有完美的？能给你做菜就不错了，你还抱怨！人家也算得上是优秀的了，这样的人上哪儿找去呀？你就别身在福中不知福了！你要是不懂得珍惜，有你后悔的时候！”（磨合 两全其美 得便宜卖乖 高富帅 打着灯笼也难找 领情）

拓展练习

两人一组，根据以下各题的情境和对话提示设计表演内容，尽可能多地使用提示词语及本课学到的新熟语。

1. 小赵和小王是同事，两个人正谈论小王的恋爱苦恼。

小赵：总经理的女儿特别优秀，那可是总经理的爱女。人家姑娘喜欢你，你一个男子汉，得主动点儿。

小王：我也心烦，正为这事发愁呢。接受吧，可能会引起大家误会，说我巴结领导；不接受吧，又怕得罪总经理，左右为难。我现在一看见总经理的女儿就害怕。

△提示：掌上明珠 这不 对……有意思 大……的 苦衷 纠结 领情 发怵

2. 小李和小张是同学，两个人在电影开映前聊天儿。

小李：果然是教授的好学生，连看个电影还抓紧时间看一会儿书，像我这样的是比不了了！

小张：我不聪明，只能更努力。眼看论文要开题了，导师列出的必读书目一长串，就是白天黑夜地读，都怕读不完。

△提示：得意门生　见缝插针　凡夫俗子　自愧不如　笨鸟先飞　连轴转

3. 小赵给小王介绍了一个女朋友。

小赵：我可跟人家女孩儿夸你了，又帅又有才华，人家同意跟你见见。

小王：你的好意我接受了，可我自己感觉不行啊。我就是个写文章的，人家是大美女，怎么也得找个比我强的吧？

小赵：你这哪像才子说的话呀？倒和我们这些俗人一样了，什么帅哥呀，大款哪，人家女孩子看中的是你的才华！她是我导师的爱女，特优秀，你上哪儿找去？再说了，你小子长得也算是不错了，有点儿自信好不好？

△提示：领情　自愧不如　耍笔杆子　高富帅　和……一个腔调　凡夫俗子　掌上明珠　打着灯笼也难找　一表人才

交际提示

如果对方有难以决定的事情，不知道应该怎么办，你可以这样说：

1. 打着灯笼也难找

A. 多好的机会呀，打着灯笼也难找，你还犹豫什么呀？

B. 这可是打着灯笼也难找的工作，你要是不干的话将来肯定后悔！

2. 纠结

A. 你就别再纠结了，机会不等人！

B. 谁面对这个选择都会很纠结，但第一个选择是损失最小的。

3. 两全其美

A. 找工作哪有两全其美的？找个工作不容易，你得珍惜！

B. 人哪有两全其美的，长相要好，工作也要好，可能吗？

4. 拖泥带水

A. 这么好的工作，打着灯笼也难找哇，多少人羡慕你呢。别拖泥带水的，赶快决定吧。

B. 这个房子可以了，租下来吧，再拖泥带水的，可就被别人租走了。

第二课　热闹的婚礼

热身

讨论：

1. 你参加过中国朋友的婚礼吗？你知道中式婚礼要举行哪些仪式吗？
2. 你们国家的婚礼和中国的婚礼有哪些不一样的地方？
3. 新人结婚的当天亲朋好友会去闹洞房，你们国家有这样的习俗吗？对此你怎么看？

交际提示：

1. 生活中难免会遇到困难，当困难轻松解决时，你可以怎么表达呢？
2. 因为意外情况，计划好的事情没能实现，你应该怎样表达你的遗憾呢？

课文

（李思明，某国企技术员，未婚；王伟，外贸公司业务员，新婚不久。两个人是朋友关系。他们在下班的路上偶遇。）

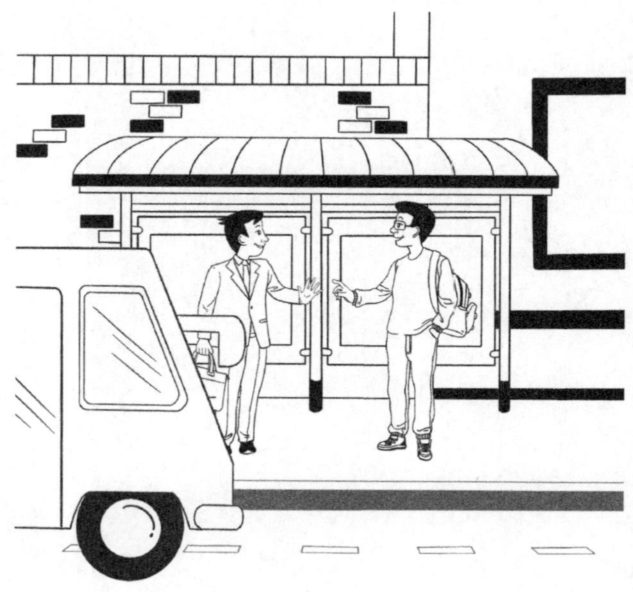

李思明：王伟，你可太不**够意思**了，结婚都没通知我一声。

王　伟：你不是出国了吗？谁知你这么快就回来了，要不然这伴郎肯定是你呀！

李思明：下次吧，下次我给你当伴郎。

王　伟：别耍贫嘴了！都说今年结婚吉利，我这也是**随大溜儿**。作为过来人[1]，我告诉你，办一次婚礼，就相当于**扒层皮**。

李思明：有那么邪乎[2]吗？

王　伟：不信你听我说。本来一切计划得好好的，可没想到去接亲的路上车子抛锚[3]了。你说这不是**节骨眼儿上掉链子**吗？

李思明：人算不如天算[4]，谁都预料不到的。

王　伟：司机加上我和伴郎只会开不会修，鼓捣[5]了半天也没修好。三个人站在马路边，**大眼儿瞪小眼儿**，全都没辙[6]了。客人都在饭店等着呢，老婆一个电话接一个电话催我，急得我跟**热锅上的蚂蚁**似的。其实也不是什么大毛病，修车的师傅来了以后，**三下五除二**，几分钟就解决了问题。

李思明：这就是“难者不会，会者不难[7]”。

王　伟：怕路上堵车，我们还早出发了一个小时，没想到起个大早，赶个晚集[8]。到女方家还晚了一个小时。你想人家能高兴吗？结果**吃了个闭门羹**。

李思明：可这也不是你的错呀？

王　伟：我**好说歹说**，又塞了无数红包，哄好了丈母娘和七大姑八大姨，总算化解了危机。

李思明：这种情况只能是彼此谅解，毕竟是大喜的日子。

王　伟：我老婆还**玩儿花样**，把婚鞋锁到保险柜里了。得解一道数学题才能知道保险柜密码。你也知道，我上学时最差的一科就是数学。当时汗都下来了，真是**出尽了洋相**！好在伴郎给力[9]，真让他给解出来了。

李思明：看来等我结婚的时候找伴郎，先得搞清他学历。

王　伟：还没完呢！一波未平，一波又起[10]。婚礼不是晚了一个小时吗？饭店要加收一笔延时费。和经理讲了半天价钱，少收了点儿，才把事情**摆平**。

李思明：也对，别因小失大。这个时候就别怕花钱了。

王　伟：交换完戒指，到了给岳父敬茶的时候，我也不知道怎么搞的，自己一仰脖，把茶喝了。引得台下哄堂大笑，说这女婿不错，先干为敬[11]了！过后老婆埋怨我。我说这不第一次吗，没经验，下回就知道了。气得她拧我。

李思明：一共办了多少桌？

王　伟：不到五十桌。

李思明：嚯，那得多少钱！

王　伟：人生就这么一回，**豁出去**了。接下来就是闹洞房。你没看见，这些人太能折腾[12]了！

李思明：都是朋友，凑个热闹，也想沾沾喜气。这时候你要是不高兴的话，那不**煞风景**吗？总不能让朋友乘兴而来，败兴而去[13]吧？

王　伟：过了半夜，曲终人散，我们俩都累成一摊泥了。我对老婆说，就凭这，咱决不结第二次婚，一定白头偕老[14]。

注释

1. 过来人（guòláirén）：对某事有过亲身经历的人。
2. 邪乎（xiéhu）：过于夸张，让人不敢相信。
3. 抛锚（pāomáo）：汽车等中途发生故障而停止行驶。比喻进行中的事情因故中止。

4. 人算不如天算（rén suàn bùrú tiān suàn）：即使计划得很好，也会因为客观的原因而发生改变。
5. 鼓捣（gǔdao）：反复摆弄。
6. 辙（zhé）：办法；主意。多用在“有”“没”后面。
7. 难者不会，会者不难（nánzhě bú huì，huìzhě bù nán）：觉得难的人是因为不会，而会的人就不觉得难了。
8. 起个大早，赶个晚集（qǐ gè dà zǎo，gǎn gè wǎn jí）：早就准备好要去做某事，可由于某种原因却晚了。
9. 给力（gěilì）：给人力量；使人振奋。
10. 一波未平，一波又起（yìbō-wèipíng，yìbō-yòuqǐ）：一个麻烦事还没解决完，另一个麻烦事又发生了。多指麻烦事接连发生。
11. 先干为敬（xiān gān wéi jìng）：喝酒时的客气话，意思是为表达敬意先干杯了。
12. 折腾（zhēteng）：反复做（某事）；折磨。
13. 乘兴而来，败兴而去（chéng xìng ér lái，bài xìng ér qù）：高兴地来了，却扫兴地走了。也说“乘兴而来，败兴而归”。
14. 白头偕老（báitóu-xiélǎo）：夫妻共同生活到老。

词语例释

1. 够意思（gòu yìsi）

释义：达到了朋友的标准，也说“够朋友”。

（1）宋奇对李刚说：“朱师傅这个人真够意思，我们买房从他那儿借一大笔钱，他一点儿没犹豫，当时就领我去银行办了转账手续。”

（2）宋奇对李刚说：“你够意思，帮我把这个活儿都做完了。”

2. 随大溜儿（suí dàliùr）

释义：跟着多数人说话或行事。也说“随大流儿”。

（1）小丽：张师傅的儿子结婚，咱们包多少钱的礼金？

宋奇：问问其他几家，咱们随大溜儿吧。

（2）小丽：看别的家长都给孩子报这个班，那个班的，咱们不报，我这心里不踏实。

宋奇：这不是随大溜儿的事，还要看咱孩子的兴趣和意愿。

3. 扒层皮（bā céng pí）

释义：比喻受苦遭罪。

（1）宋奇提醒李刚：“千万别上班时间网上聊天儿、玩儿游戏，要是让总经理发现，不开除你，也得让你扒层皮！”

（2）老朱五十多岁了，非要跟着小青年们去学开车。也不知扒了多少层皮，还不错，真把车本拿回来了。

4. 节骨眼儿（jiēguyǎnr）

释义：比喻关键时刻。

（1）李刚：上周末公司聚会你们两口子怎么没来？

宋奇：别提了，我们三个人都收拾好准备出发了，节骨眼儿上儿子说肚子疼。哪还敢来参加聚会呀，赶快带他去医院了。

（2）李刚：我想请两个星期的长假，带小茹去国外转一圈。

宋奇：你明明知道公司接了一个大单，这节骨眼儿去请假，能通过吗？

5. 掉链子（diào liànzi）

释义：比喻人在做事时出现差错，使事情不能顺利进行下去。

（1）幼儿园搞活动，儿子要登台表演了，小丽和丈夫宋奇商量：“要不要嘱咐他两句？上台掉链子可就丢人了！”

（2）李刚面试完新人，在宋奇面前摇头叹息：“我这英语水平平时还凑合，可一到节骨眼儿上就掉链子了。新人用英语自我介绍，我一句没听懂。”

6. 大眼儿瞪小眼儿（dà yǎnr dèng xiǎo yǎnr）

释义：大家因为吃惊或无可奈何而互相看着。

（1）儿子走进宋奇和小丽的房间，郑重地说道：“我宣布，从今天开始，你们再进我的房间要敲门。我已经是大人了，你们要尊重我。”说完转身离去，留下夫妻二人大眼儿瞪小眼儿。

（2）周六一早，小丽生气地对丈夫宋奇说：“你天天忙，也不顾家，家里米也没了，菜也没了，你是一家之主，中午吃什么你看着办。要不然咱一家三口大眼儿瞪小眼儿，等着饿死吧。”

7. 热锅上的蚂蚁（rè guō shang de mǎyǐ）

释义：形容人非常着急的样子。

（1）李刚和宋奇聊天儿：“你平时干什么都不慌不忙的，昨天一听说儿子病了，看把你急得，成了热锅上的蚂蚁了。”

（2）李刚：你怎么才来呀，总经理接待外商，要听你的汇报呢，急得他像热锅上的蚂蚁似的。

宋奇：我也急，可路上有交通事故，公交车过不来呀！

8. 三下五除二（sān xià wǔ chú èr）

释义：形容做事及动作敏捷利索。

（1）小茹：你老公平时帮你干家务吗？

小丽：他倒是帮，可我不敢让他干。有一次我让他收拾厨房，干得倒挺快，三下五除二就把厨房收拾得干干净净，可一次就摔了两个盘子和一个碗。

（2）宋奇在电脑上鼓捣半天，表格也没设计出来，李刚把他拉开，三下五除二就把表格设计好了。

9. 吃闭门羹（chī bìméngēng）

释义：被主人拒绝进门或主人不在，门锁着，对客人来说叫吃闭门羹。

（1）李刚问宋奇："周六你们一家去哪儿了？我和小茹逛街，刚好到了你家附近，想和你们一家聚一聚，结果吃了闭门羹。"

（2）宋奇：和小茹闹矛盾了吧？两个人又不说话了？

李刚：我忘了她生日，生气了，两天不理我，去她家道歉也不开门，给我吃闭门羹。

10. 好说歹说（hǎoshuō-dǎishuō）

释义：用各种理由或方式反复恳求人。

（1）李刚：嫂子同意买车了吗？

宋奇：还不行，我好说歹说，她还是不同意，说先给儿子买钢琴，以后有钱了再买车。

（2）宋奇：居然忘了女朋友生日，你是有点儿过分。不过小茹好像原谅你了。

李刚：是原谅了，昨天去她家道歉，好说歹说，终于让我进门了。

11. 玩儿花样（wánr huāyàng）

释义：表现小聪明，使用技巧。贬义。

（1）小丽在母亲面前抱怨丈夫："宋奇周末在家待不住，找各种借口出去和他的那帮哥们儿玩儿。我看他这个周末还能玩儿什么花样！"

（2）小丽：你们别着急，这道菜我刚学会一个新做法，特别好吃，就是时间长点儿。

宋奇：行了，你就别玩儿花样了，还是老做法吧。我和儿子都要饿死了！

12. 出洋相（chū yángxiàng）

释义：闹笑话；出丑。

（1）李刚和宋奇要去陪外商吃晚饭，李刚的女朋友小茹知道他不能喝酒，叮嘱宋奇道："你在旁边拦着点儿，别让他喝酒。他喝了酒准出洋相，别再耽误正事。"

（2）宋奇：李刚，帮我设计个表格。

李刚：这么简单的工作，哪用得着我帮忙啊？

宋奇：你出我的洋相，是不是？你明明知道电脑方面我不擅长。

13. 摆平（bǎipíng）

释义：比喻公平合理解决或使各方面平衡。

（1）宋奇去见客户，解决生意纠纷。李刚问他打算怎么摆平。

宋奇：给人家赔偿呗。这次咱们的产品质量确实有问题。

（2）公司组织员工足球比赛，分成两个组，让李刚分配。

李刚：这么多人，有老有少，有力气大的有力气小的，有会踢的有不会踢的，想完全摆平不容易。

14. 豁出去（huō chuqu）

释义：不顾一切。

（1）李刚：小茹要过生日了，你觉得我应该买个什么礼物？

宋奇：这我也不懂，但我觉得应该买个像样的。为了爱情，你得豁出去！

（2）老朱生日，众好友来他家中为其庆生。老朱非常感动，举杯道："本来最近胃不太好，医生不让喝酒，大家这么够意思，今天我豁出去了，也陪大家喝一杯。"

15. 煞风景（shā fēngjǐng）

释义：比喻在兴高采烈的场合使人扫兴。"煞"也可写成"杀"。

（1）聚餐时有人提议小丽唱首歌，小丽说唱不了。丈夫宋奇鼓励她："大家让你唱，你就唱吧。都挺高兴的，别煞风景。"

（2）老朱的生日宴结束，在回家的路上，宋奇埋怨妻子小丽："今天这样的日子你提什么我玩儿麻将的事呀？还说什么老朱、李刚也参与了，多煞风景啊！"

巩固练习

一、根据课文内容选词填空。

（一）

扒层皮	鼓捣	三下五除二	抛锚	节骨眼儿	热锅上的蚂蚁
过来人	没辙	随大溜儿	难者不会，会者不难	大眼儿瞪小眼儿	

都说今年结婚吉利，王伟也________，匆忙举行了婚礼。作为________，他告诉李思明，办一次婚礼，就相当于________。本来一切都计划得好好的，可是没想到________上掉链子，接亲的车子半路上________了。大家只会开不会修，________了半天也没修好。几个人站在马路边，________，全都________了。客

人都在饭店等着呢，急得王伟跟＿＿＿＿＿＿＿似的。其实也不是什么大毛病，＿＿＿＿＿＿＿，修车的师傅来了以后，＿＿＿＿＿＿＿就解决了问题。

（二）

摆平　煞风景　玩儿花样　乘兴而来，败兴而去　给力 起个大早，赶个晚集　好说歹说　吃了闭门羹　人算不如天算

新郎王伟怕路上堵车，还早出发了一个小时，可＿＿＿＿＿＿＿，没想到车会出毛病，结果＿＿＿＿＿＿＿，到女方家还晚了一个小时。女方家不高兴，给他们＿＿＿＿＿＿＿。王伟＿＿＿＿＿＿＿，又塞了无数红包，总算化解了危机。新娘＿＿＿＿＿＿＿，把婚鞋藏进保险柜，让新郎通过解数学题猜保险柜密码，让新郎出尽了洋相。幸亏伴郎＿＿＿＿＿＿＿，真解出来了。一波未平，一波又起，因为晚了一个小时，饭店要加收一笔延时费。没办法，只能花钱＿＿＿＿＿＿＿，总不能让客人＿＿＿＿＿＿＿吧？那不＿＿＿＿＿＿＿吗？

二、根据所设情境用提供的词语表达。

1. 你出差到某地，主人请你喝酒。主人说，按照当地规矩，第一杯酒一定要干杯。你说："既然是这里的规矩，那我也入乡随俗吧，要不然多让大家扫兴啊！好了，我先干了！"（随大溜儿　煞风景　豁出去　先干为敬）

2. 你跟同事说上周六的经历："本打算室外烤肉的，可是出现了意外，关键时候老天爷不帮忙，下起雨来了，忙了半天，烤肉也没吃上，特别扫兴。"（人算不如天算　节骨眼儿　给力　折腾　煞风景）

3. 朋友说你瘦了，你向他诉苦："唉，这段时间为减肥我遭了很多罪。女朋友说我要是不减去二十斤就别想跟她结婚。我不能因小失大呀，所以不顾一切了！你

看，就瘦成这个样子了。”（扒层皮　豁出去　这不）

4. 你跟同事聊天儿：“昨天想和女朋友在电脑上看个视频，可忙了半天就是打不开。正在我俩互相看着都没办法的时候，朋友来了。还是他厉害，很快就解决了问题。”（鼓捣　大眼儿瞪小眼儿　辙　给力　三下五除二　难者不会，会者不难）

5. 知道你和女朋友闹矛盾了，同事们跟你开玩笑，想出各种奇葩的解决办法。你对大家道：“能不能别弄这些了？说点儿有用的。去家里找她吧，不给我开门。我求了半天她都不开门。你们有经验，我现在实在是没办法了，让你们给我出个主意，怎么解决。这时候还让我出丑，你们这样可不对啊！”（玩儿花样　吃闭门羹　好说歹说　过来人　辙　摆平　节骨眼儿　出洋相　够意思）

6. 你跟丈夫要去参加好朋友的婚礼，你催促丈夫：“别弄你那些花儿了，咱们还是早点儿出门吧。计划得再好也怕意外，万一路上堵车怎么办？这事去晚了，多让大家扫兴啊？人家还得说咱们不好！”（鼓捣　人算不如天算　煞风景　够意思）

7. 你跟同事说迟到的原因：“本来今早出门比平时还早了一个小时，可是公交车迟迟不来，急得我什么似的！结果足足等了半个小时。真是出来早反而还晚了！后来听司机说，车半路坏了，临时派了一辆车来。”（给力　辙　热锅上的蚂蚁　邪乎　起个大早，赶个晚集　抛锚）

8. 朋友为孩子考上名牌大学而举办升学宴，你不想参加，爱人劝你：“他这个人就喜欢表现，这你也是知道的。作为朋友不参加，多扫兴啊？他肯定觉得咱们不好。有些社会风气你看不惯，可也没办法呀，还是跟大家一样吧。”（煞风景　够意思　辙　随大溜儿）

9. 你带孩子去游乐场，孩子在玩儿的过程中不小心撞了一个小孩儿，过后你和朋友说解决过程：“对方家长很生气，我向人家道歉，解释了半天，没想到这边事情还没解决呢，游乐场那边又说我们损坏了设施，要求赔偿。实在是没办法了，掏钱吧。一家人灰头土脸回来了。”（好说歹说　一波未平，一波又起　辙　摆平　乘兴而去，败兴而归）

拓展练习

两人一组，根据以下各题的情境和对话提示设计表演内容，尽可能多地使用提示词语及本课学到的新熟语。

1. 小李求小张临时救急去参加大学生辩论赛。

小李：马上要比赛了，哪想到关键时刻我们第二辩手小王病了。急得我什么似的，实在是没办法了。求你帮个忙。

小张：你就别为难我了，不是我不帮忙，实在是我这个人不行。好久都没训练，也没打比赛了，我现在一上台就害怕，脑子一片空白，到时候肯定丢人。

△提示：节骨眼儿　热锅上的蚂蚁　这不　辙　够意思　折腾　给力　发怵　出洋相

2. 小李知道小王搬进了新家。

小李：搬家也没说一声，太不像话了，我得去祝贺你的乔迁之喜呀。

小王：装修房子太累人了，不容易呀！都忙晕了，哪还想到通知亲朋好友哇！

小李：有那么严重吗？装修费花了不少钱吧？

小王：那倒是，不过一辈子不就这一次吗！

△提示：够意思　折腾　扒层皮　邪乎　豁出去

3. 小李问小张上周六单位出去郊游的情况。

小张：别提了，幸亏你有事没去。去的时候车半路坏了，大家着急，可也没办法。

小李：意外情况，谁也预料不到。

小张：后来一个过路的帮忙，人家挺懂的，修好了车。

小李：遇到行家了。

小张：本来出发挺早的，结果还是晚了，到景点都下午三点了。求了半天人家也不让进，只好回来了。扫兴，白跑了一趟。

△提示：抛锚　热锅上的蚂蚁　辙　大眼儿瞪小眼儿　人算不如天算　三下五除二　难者不会，会者不难　起个大早，赶个晚集　好说歹说　乘兴而去，败兴而归　折腾

交际提示

一、生活中难免会遇到困难，当困难轻松解决时，你可以这么表达：

1. 三下五除二

A. 专家来了以后，三下五除二就把问题解决了。

B. 我以为是天大的困难，没想到朋友来了，三下五除二，什么问题都没了！

2. 难者不会，会者不难

A. 难者不会，会者不难，专家一来，不到五分钟就解决了。

B. 最后只好找朋友帮忙，他就学的这个专业。所谓“难者不会，会者不难”，一下子就解决了。

3. 给力

A. 我哪有那个能力？是朋友给力，关键时刻帮了忙。

B. 暴雨导致路面积水很深，我真怕我那车中间熄火。好在车给力，让我冲过去了。

二、因为意外情况，计划好的事情没能实现，你可以这样表达你的遗憾：

1. 人算不如天算

A. 人算不如天算，什么都准备好了，谁能想到会下雨？

B. 我跟你说吧，人算不如天算，说好那天签合同的，哪想到他得病住院了。

2. 起个大早，赶个晚集

A. 我也没想到堵车呀，结果起个大早，赶个晚集。

B. 我早早去排队买票，轮到我的时候，发现忘带证件了。你说这不是起个大早，赶个晚集吗？

3. 煞风景

A. 当时大家气氛本来挺好的，他的一句话煞了风景，最后大家不欢而散。

B. 宴会的时候喝酒要有分寸，喝多了撒酒疯就煞风景了。

4. 乘兴而来，败兴而去（归）

A. 谁也没想到会下雨呀，大家对这个活动都挺感兴趣的，结果乘兴而来，败兴而归。

B. 朋友们说好了来我家聚会。没想到我突然被公司叫去加班，结果害得大家乘兴而来，败兴而去。

第三课 夫妻没有隔夜仇

热身

讨论：

1. 在中国，夫妻间有时互称“冤家”，你理解这个词的真正含义吗？
2. 你觉得是什么维系着夫妻关系？情感还是责任？
3. 中国自古有“家丑不可外扬”的说法，对此你怎么看？

交际提示：

1. 知道朋友与他人有了矛盾，我们应该怎样劝解呢？
2. 如果你觉得自己做事光明正大，可以坦然面对他人，你该怎么表达呢？

课文

（宋学智，某私企总经理；张文海，某国企中层领导。两个人是朋友关系。傍晚，宋学智在家中，张文海在办公室，他们用手机通话。）

宋学智：喂，老张，我听说你睡办公室呢？怎么，和老婆吵架啦？

张文海：唉，说出来不怕你笑话，我老婆最近脾气坏得很，整天为一些**鸡毛蒜皮**的小事和我吵架。我**惹不起还躲不起**呀？

宋学智：两口子之间**哪有舌头不碰牙的**？磕磕碰碰很正常，关键是要适可而止[1]。夫妻没有隔夜仇[2]，总这么冷战会伤感情的。

张文海：我得吓唬吓唬她，让她明白，离开她我也活得挺好。

宋学智：一日夫妻百日恩，别动不动就说分居呀、离婚什么的！实话跟你说吧，是你老婆给我打的电话，把事情的前因后果都说给我听了。听得出来，她也觉得自己做得有点儿过分了，想认错，又**拉不下脸来**。给我打电话，还不就是想让我传个话？我看你就别硬撑着了，**就坡下驴**，今晚就搬回去吧。你**躲得过初一，也躲不过十五**哇。

张文海：都说家丑不可外扬[3]，这事连你都知道了，让你见笑[4]了。

宋学智：谁笑话谁呀！不瞒你说，前两天我也差点儿后院起火[5]。

张文海：什么事，这么严重？

宋学智：唉，说来话长。也是**无巧不成书**。那天我叫秘书小勤来办公室记录点儿事。她有个习惯，写字的时候喜欢用笔搔头发。结果那天笔帽把头发夹住了，自己怎么也弄不下来。情急之下，我也没多想，起身帮忙，就在这时，我老婆推门进来了。

张文海：这也太巧了！这可是**跳进黄河也洗不清**了。她当时就跟你闹起来了？

宋学智：那倒不至于。坦率地说，我老婆这个人挺有涵养[6]的，知道顾全大局。她只问了一句几点下班，然后转身走了。

张文海：回家了？

宋学智：是回家了，回娘家了。

张文海：这时候你就别**大喘气**了！没让小勤帮忙解释一下儿啊？

宋学智：那不是**此地无银三百两**吗？

张文海：倒也是，**越抹越黑**了。最后怎么摆平的？

宋学智：去老丈母娘家接人呗。

张文海：态度诚恳点儿，向老婆**赔个不是**不算**掉价儿**。

宋学智：赔什么不是呀！**身正不怕影斜**。**没做亏心事，不怕鬼敲门**！

张文海：嘿，这时候还嘴硬[7]呢！

宋学智：到了老丈母娘家，理直气壮[8]地对她说了一句话，问题就迎刃而解[9]了。

张文海：说什么啦？

宋学智：两口子的悄悄话，天机不可泄露[10]！

张文海：行了，你就别**卖关子**啦！透露一下儿，提供点儿经验。

宋学智：我告诉她，夫妻之间应该有起码的信任。这么多年，我对你怎么样，你应该心里有数[11]哇。

张文海：这倒是，日久见人心嘛。你老婆呢？

宋学智：我老婆没说话，想了想就跟我回家了。

张文海：这么简单？

宋学智：我老婆这个人虽说脾气不好，但从不**胡搅蛮缠**，不是那种**得理不饶人**的主儿。

张文海：主要还是她信任你。夫妻之间互相信任最重要。

注释

1. 适可而止（shìkě'érzhǐ）：到了适当的程度就停止。
2. 夫妻没有隔夜仇（fūqī méiyǒu géyè chóu）：夫妻之间不会长久敌对，很快会和好。
3. 家丑不可外扬（jiāchǒu bùkě wàiyáng）：家庭内部不体面的事情不要让外人知道。
4. 见笑（jiànxiào）：被人笑话，多用作谦辞。

5. 后院起火（hòuyuàn qǐhuǒ）：比喻有内部矛盾或后方出了麻烦事。

6. 涵养（hányǎng）：能控制情绪的功夫。

7. 嘴硬（zuǐyìng）：知道自己没理或不行，可嘴上不肯认错或服输。

8. 理直气壮（lǐzhí-qìzhuàng）：理由充分，因此说话做事有气势。

9. 迎刃而解（yíngrèn'érjiě）：比喻主要的问题解决了，其他有关的问题就可以很容易地得到解决。

10. 天机不可泄露（tiānjī bùkě xièlòu）：比喻重要的秘密不能让他人知道。

11. 心里有数（xīnlǐ yǒushù）：内心清楚。可用于歇后语“哑巴吃饺子——心里有数”。

词语例释

1. 鸡毛蒜皮（jīmáo-suànpí）

释义：比喻无关紧要的琐事。

（1）李刚和宋奇聊天儿：“老徐和小张为了打扫办公室的事闹别扭了。虽说各有各的理，但是同事之间，为一些鸡毛蒜皮的事，至于吗？”

（2）李刚：听说你和嫂子吵架了？因为什么呀？
宋奇：两口子吵几句不是正常吗？能有什么大事，都是些鸡毛蒜皮。

2. 惹不起还躲不起（rě bu qǐ hái duǒ bu qǐ）

释义：反问的语气，意思是在争执或纠缠中不如对方或不敢得罪对方但可以躲开他。也说“惹不起却躲得起”。

（1）宋奇告诉李刚：“上班路上，我一直想着公司里的事，没注意，挡了一个小伙子的路，他挺生气，问我是不是故意的。我心想，惹不起还躲不起呀，说了声对不起，赶快离开了。”

（2）宋奇：小茹，你的老客户，点名要你接待。

小茹：他总是没完没了地讲价钱，我都有点儿怕他了。这样吧，我惹不起却躲得起，你替我接待一下儿吧，就说我出去了。

3. 哪有舌头不碰牙的（nǎ yǒu shétou bú pèng yá de）

释义：反问的语气，比喻人与人相处肯定会有摩擦或冲突。

（1）李刚跟同事发生争执，宋奇劝李刚："同事之间哪有舌头不碰牙的？千万别吵架，和为贵。"

（2）小丽：儿子自己说在幼儿园和其他小朋友打架了，我明天去老师那儿问问情况。

宋奇：算了吧，孩子们在一起玩儿，哪有舌头不碰牙的？没受伤就别管了。

4. 拉下脸来（lāxià liǎn lai）

释义：不顾及情分和脸面。

（1）小丽：李刚借的钱什么时候还？

宋奇：再等等吧，他最近手头紧。你也知道，在公司里我俩关系最好，他要是不主动还的话，我也真拉不下脸来要。

（2）宋奇鼓励李刚向小茹求婚："就当着大家的面说'我爱你'，别拉不下脸来！"

5. 就坡下驴（jiù pō xià lǘ）

释义：借机使自己脱离尴尬、僵持的境地。

（1）宋奇向总经理保证过，如果生意不成功的话自己就辞职。没想到生意还真砸了，宋奇一下子傻眼了。妻子小丽给他出主意："经理不会真让你辞职的。你去见他，如果他说下不为例的话，你赶快就坡下驴说谢谢。"

（2）宋奇和小丽吵架，小丽一气之下抱孩子回了娘家。宋奇赶到丈母娘家赔礼道歉，小丽躲进卧室不肯见他。母亲劝小丽："宋奇挺有诚意的，你也给他点儿面子，就坡下驴，回家吧！"

6. 躲得过初一，也躲不过十五（duǒ de guo chūyī, yě duǒ bu guo shíwǔ）

释义：能躲避一时，但无法永远躲避。

（1）李刚：我听说一会儿你老婆要来公司。那我得躲出去。她知道我向你借钱了，肯定不会给我好脸色的。

宋奇：你躲得过初一，也躲不过十五哇，我不信你从此不去我家了。

（2）一个客户点名要小茹接待，小茹怕他纠缠，想躲出去。宋奇说："这事你躲得过初一，也躲不过十五。大大方方去见他，有什么问题也别怕，还有我和李刚呢。"

7. 无巧不成书（wú qiǎo bù chéng shū）

释义：意思是某件事情的发生完全是因为巧合。

（1）李刚：我听说你去成信公司遇到老同学啦？

宋奇：嘿，无巧不成书！我不是陪着总经理去成信公司谈合作的事吗？对方负责接待我们的是个副总。他一进门，我俩都愣住了——大学同学！快十年没联系了，我哪知道他在成信公司干呢？

（2）李刚：我看小胡对你不太友好，你哪儿得罪他了？

宋奇：他被总经理批评了。也是无巧不成书，他被总经理叫去办公室的时候，正好我从总经理办公室出来。我想他是误会了。

8. 跳进黄河也洗不清（tiàojìn Huáng Hé yě xǐ bu qīng）

释义：无论怎么做都无法证明自己的清白。

（1）女同事借宋奇的数码相机用，宋奇说："用完以后把照片删了，要不然让我老婆看见了，我跳进黄河也洗不清了。”

（2）宋奇要去见客户，他拉李刚同行。

李刚：不就是签个合同吗？你一个人去不就行了？

宋奇：这次涉及价格问题，还是按公司规定，两个人在场好。一旦将来价位高低出了问题，我怕跳进黄河也洗不清了。

9. 大喘气（dàchuǎnqì）

释义：说话间因为拖延而制造出内容的反转。

（1）小丽：儿子，你以后可不许抽烟。

儿子：妈妈，我不抽烟！

小丽：真是好孩子！

儿子：我现在小，还不能抽。

小丽：你还跟妈妈大喘气！大了也不能抽！

（2）李刚：我现在要游遍全世界。

宋奇：你吹牛呢？

李刚：我说在网上。

宋奇：嘿，这大喘气的！

10. 此地无银三百两（cǐdìwúyín sānbǎi liǎng）

释义：本来是想掩饰某事，可行为正好暴露了要掩饰的内容。

（1）办公室的门锁着，宋奇用钥匙开了门，发现李刚一个人坐在电脑前，他指着李刚道：“你这不是此地无银三百两吗？上班时间你锁什么门呢？别人还以为你在里面干坏事呢。”

（2）宋奇：你闻什么？我可没抽烟。

小丽：我也没说你抽烟哪，你慌什么？此地无银三百两，我还是找找烟头吧。

11. 越抹越黑（yuè mǒ yuè hēi）

释义：越想掩饰缺点和错误，反而使缺点和错误越明显、越多。

（1）李刚：我得去找老徐道歉，我没想到他那么在意孩子的事，我得跟他解释解释。

宋奇：算了吧。四十多岁一直没孩子，他觉得是自己人生中的一个缺憾。时间长了，人也变得敏感了。你一解释反倒让他觉得大家也在意这个事，越抹越黑。以后说话注意点儿就行。

（2）李刚：我听说昨天你和咱们的美女同事采购物品，让嫂子碰见啦？回去怎么解释的？

宋奇：解释什么呀？同事一起出门为公司办事，不是很正常吗？一解释反而越抹越黑了。

12. 赔不是（péi búshi）

释义：赔礼道歉。

（1）宋奇：客户好像很生气，是不是李刚把人得罪了？

小茹：李刚说话总是那么直来直去，弄得人家客户一点儿面子也没有，每次都是我替他去跟客户赔不是。

（2）宋奇告诉李刚："昨天不是加班吗？回去晚了，你嫂子生气了，跟我发脾气，说我不顾家。后来冷静下来，我跟她解释，是公司临时有事，不得不加个班，你嫂子居然给我赔不是了，说冤枉我了。"

13. 掉价儿（diàojiàr）

释义：比喻降低身价；丢面子。

（1）宋奇想买车，跟妻子商量："我这马上升职了，还每天骑个破自行车上班，是不是有点儿掉价儿？咱买辆车吧。"

（2）李刚见到宋奇唉声叹气："我今天可掉价儿了。面试新人，对方用英语自我介绍，我一句没听懂。"

14. 身正不怕影斜（shēn zhèng bú pà yǐng xié）

释义：为人正经，不怕别人的误解。也说“脚正不怕鞋歪”。

（1）宋奇：小胡可能对我有误会，是不是应该向他解释一下儿？

小丽：算了，越抹越黑，身正不怕影斜。相处时间长了，他会知道你是什么人的。

（2）李刚：经理今天强调上班时间不许上网聊天儿、玩儿游戏，一直看着我。是不是他发现了什么？

宋奇：你这是做贼心虚。他也看我了，身正不怕影斜，我就不害怕。

15. 没做亏心事，不怕鬼敲门（méi zuò kuīxīn shì，bú pà guǐ qiāo mén）

释义：没有做对不起别人的事，所以不心虚害怕。

（1）办公室有人丢了贵重物品，人人成了怀疑对象。李刚心里不舒服，小茹说：“没做亏心事，不怕鬼敲门。你坦坦荡荡做人，他们爱怀疑谁就怀疑谁。”

（2）小丽：我可以看你手机吗？

宋奇：无所谓，没做亏心事，不怕鬼敲门。您随便查。

16. 卖关子（mài guānzi）

释义：比喻说话、做事到了紧要关头，故意弄得很神秘或不急于说出结果，使人着急。

（1）李刚从总经理办公室出来，神神秘秘地对大家说：“知道这个月的奖金是多少吗？”大家都来了兴致，忙问是多少。“算了，我还是别说了，我怕把你们吓着。”大家着急道：“行了，你就别卖关子了！快说，多少？”

（2）宋奇电脑坏了，大量数据都存储在里面，急得他像热锅上的蚂蚁似的。李刚说：“通过技术手段，大部分数据是可以恢复的。当然，我说的是通过技术手段，这就要看你的能力了。”气得宋奇想动手打他：“这个时候你还给我卖关子！你不是说自己是电脑专家吗，还看我什么能力？”

17. 胡搅蛮缠（hújiǎo-mánchán）

释义：不讲道理，胡乱纠缠。

（1）妻子小丽告诉宋奇：“你得管管你儿子了，不让他玩儿游戏他就跟我胡搅蛮缠，躺在床上装病。”

（2）小丽：我给你出个测试题，一个漂亮女人和一个有才能的女人，你喜欢谁？

宋奇：我肯定选择漂亮的。

小丽：也就是说你觉得我能力不够呗？

宋奇：你这就是胡搅蛮缠！如果我说喜欢有能力的，你肯定说我觉得你不漂亮。

18. 得理不饶人（dé lǐ bù ráo rén）

释义：争执中因自己有理而不肯原谅对方。

（1）宋奇到了家门口才想起，小丽一早出门时嘱咐他买菜，可他不但回来晚了，还把买菜的事忘得一干二净。老婆本来就厉害，这回更要得理不饶人了。宋奇做好了迎接暴风雨的准备。

（2）宋奇劝小茹：“李刚是做得不对，一高兴喝多了，把你第二天生日给忘了，这不又道歉又补礼物的。你也别得理不饶人，给他个机会吧。”

巩固练习

一、根据课文内容选词填空。

（一）

鸡毛蒜皮　夫妻没有隔夜仇　惹不起还躲不起　就坡下驴
拉不下脸来　躲得过初一，也躲不过十五　适可而止　哪有舌头不碰牙的

因为一些＿＿＿＿＿＿的事，张文海和老婆吵架了。他想＿＿＿＿＿＿呀，干脆躲到办公室去了。宋学智给他打电话，说他老婆承认自己做得有点儿过分了，只是还＿＿＿＿＿＿认错。宋学智劝张文海，别硬撑着了，＿＿＿＿＿＿，当晚就搬回去吧。＿＿＿＿＿＿哇！两口子之间＿＿＿＿＿＿？磕磕碰碰很正常，关键是要＿＿＿＿＿＿。俗话说，＿＿＿＿＿＿，长时间冷战会伤感情的。

（二）

天机不可泄露　理直气壮　卖关子　掉价儿
得理不饶人　迎刃而解　没做亏心事，不怕鬼敲门

因为误会，宋学智老婆生气回了娘家。张文海提醒宋学智，大男人的，跟老婆赔个不是不算＿＿＿＿＿＿。宋学智说自己＿＿＿＿＿＿。他见到老婆，＿＿＿＿＿＿地说了一句话，问题就＿＿＿＿＿＿了。他老婆虽说脾气不好，但从不胡搅蛮缠，不是那种＿＿＿＿＿＿的主儿。张文海想知道他说了什么，宋学智＿＿＿＿＿＿，说＿＿＿＿＿＿。

二、根据所设情境用提供的词语表达。

1. 你和爱人聊单位的事："小李上班时间上网聊天儿，我发现了他还不承认，还特别有理地说是跟客户谈生意呢。我不客气地警告他别过分，再有下次扣一个月的奖金。"（嘴硬　理直气壮　拉下脸来　适可而止）

2. 你跟爱人聊同事："下午我去他家找他，结果没人。我打他手机，问他在哪儿呢，他说在家呢，我说在家你为什么不开门？原来这小子故意逗我，他在老家呢！"（吃闭门羹　大喘气）

3. 新婚不久的好朋友跟丈夫闹矛盾回娘家了，给你打电话诉苦，你劝她："夫妻之间吵架不能没完没了，你总不能一辈子不见他吧？本来不是大事，他要是认了错，你也别过分，借机和好跟他回家吧。"（夫妻没有隔夜仇　躲得过初一，也躲不过十五　赔不是　适可而止　就坡下驴）

4. 好朋友被同事怀疑向老板告状，他为此感到苦恼。你帮他分析："没必要为这事烦恼，该怎么相处还怎么相处。为人正直，就不怕误解，没做对不起他的事，什么都不怕。"（纠结　身正不怕影斜　没做亏心事，不怕鬼敲门）

5. 你跟同事聊自己遇到的一件倒霉事："我正坐在公园椅子上，清洁工过来批评我乱扔垃圾。我一看脚下有一张口香糖包装纸，巧了，我嘴里正嚼着口香糖呢，我解释得清吗？心想，别解释了，越解释越麻烦，赶快道了个歉，低头捡起包装纸，塞垃圾箱里了。"（无巧不成书　跳进黄河也洗不清　越抹越黑　赔不是）

6. 你跟妻子聊公司里同事的事："老李这两天没精打采的，我问他是不是家里有事了，他还不承认，说是秘密。我想是家事不愿意说吧。后来知道，他买了个高档手机，怕老婆不同意，一再强调是公司奖励的。这不是反而暴露了吗？老婆一个电话打到公司，什么都明白了。我劝他给老婆道个歉，错了就是错了，说声对不起不算什么。总躲着也不是回事。夫妻间能有多大的事，不能总这么冷战。"（后院起火　嘴硬　天机不可泄露　家丑不可外扬　此地无银三百两　赔不是　掉价儿　躲得过初一，也躲不过十五　夫妻没有隔夜仇）

7. 你为了给老李调解家庭纠纷，给老李的爱人打了电话，过后你把结果告诉老李："放心吧，一个电话，问题就解决了。我劝她别坚持了，为这么点儿事也冷战这么多天了，差不多就可以了。你们两口子生活这么多年，他是什么样的人，你应该清楚哇。咱们都是结婚多年的人了，夫妻间哪能闹那么长时间的矛盾？”（迎刃而解　得理不饶人　鸡毛蒜皮　适可而止　心里有数　过来人　夫妻没有隔夜仇）

拓展练习

两人一组，根据以下各题的情境和对话提示设计表演内容，尽可能多地使用提示词语及本课学到的新熟语。

1. 小李恋爱中遇到麻烦，向小张讨教解决的办法。

小张：办法有，用了我的办法，问题轻松解决。至于是什么办法嘛，不能说。你要是请我吃饭呢，我帮你解决；要是不请呢，那你就等着打一辈子光棍儿吧！

小李：你小子太坏了，我这里急成这样，你还故意不说！什么办法，快说！你放心吧，我心里记着，问题解决了，将来肯定请你吃饭！

△提示：迎刃而解　天机不可泄露　摆平　够意思　热锅上的蚂蚁　卖关子　心里有数

2. 好朋友小张来公司等小王下班，发现有个同事对小王特别不友好，态度很差，小张为小王感到不平。

小张：他这简直太不讲理了！你也太能忍了。这要是我的话，肯定不客气地警告他，让他差不多就行了！

小王：同事间哪能没矛盾，为一些小事计较不值得。说来话长，我也有错。因为我工作失误害得部门被扣了一个月奖金。别的同事都原谅我了，他还有气，一直跟我过不去。他人不坏，就是脾气大，现在在气头上，我就躲着点儿呗。这不，让你看见了。

△提示：胡搅蛮缠　涵养　拉下脸来　适可而止　哪有舌头不碰牙的　鸡毛蒜皮　得理不饶人　惹不起还躲不起　见笑

3. 小王和同事产生矛盾，小李劝他。

小李：同事之间难免产生矛盾，为点儿小事吵架太失身份了，算了吧。

小王：他这个人就是控制不了自己，抓住别人的缺点就不肯原谅。行，我听你的，躲开他就是了。

△提示：哪有舌头不碰牙的　鸡毛蒜皮　掉价儿　适可而止　涵养　得理不饶人　惹不起还躲不起

交际提示

一、知道朋友与人有了矛盾，你可以这样劝解：

1. 鸡毛蒜皮

A. 都是些鸡毛蒜皮的事，没必要往心里去。

B. 为了鸡毛蒜皮的事就不说话了，你是不是太小心眼儿啦？

2. 惹不起还躲不起

A. 惹不起还躲不起呀？你离他远点儿，还能有矛盾吗？

B. 惹不起但躲得起，你来我这儿待一天，晚上回去她就好了。

3. 哪有舌头不碰牙的

A. 同事之间哪有舌头不碰牙的，为这么点儿小事，没必要吵架。

B. 与人相处哪有舌头不碰牙的，宽容大度最重要。

4. 适可而止

A. 既然他已经道歉了，我看你就适可而止吧。

B. 这事就适可而止吧，闹大了对谁都不好。

5. 夫妻没有隔夜仇

A. 夫妻没有隔夜仇，低头认个错就算了。

B. 好好解释一下儿，夫妻没有隔夜仇，他会原谅你的。

6. 赔不是

A. 别嘴硬了，既然做错了，赶快给人家赔个不是。

B. 男子汉，错了就是错了，赔个不是不掉价儿。

7. 得理不饶人

A. 人家不是道歉了吗？你也别得理不饶人了，这事就算过去了。

B. 行了行了，别得理不饶人了，原谅他吧。

二、如果你觉得自己做事光明正大，可以坦然面对他人，你可以这么说：

1. 此地无银三百两

A. 解释什么呀？那不是此地无银三百两吗？

B. 说多了反倒此地无银三百两，自己心安就行了。

2. 越抹越黑

A. 我才不解释呢，这种事越抹越黑。

B. 做事凭良心，别人怎么想我不在乎，说多了反倒越抹越黑。

3. 身正不怕影斜

A. 身正不怕影斜，这么多年了，我是什么人你不了解？

B. 身正不怕影斜，怕误会的话那就什么事也不敢做了。

4. 没做亏心事，不怕鬼敲门

A. 我有什么怕的？没做亏心事，不怕鬼敲门，我看看他能把我怎么样？

B. 没做亏心事，不怕鬼敲门，我不信领导能不问是非缘由就开除我。

第四课　可怜天下父母心

热身

讨论：

1. 对于中国的家庭教育你了解多少？你觉得和你的国家有什么不同？
2. 你听说过“巨婴”这个词吗？你是怎么理解的？你的看法是什么？

交际提示：

1. 当某人的言行你接受不了时，你可以怎样表达不满呢？
2. 孩子大了，该独立生活了，做父母的常会怎样叮嘱孩子呢？

课文

（张文海与丽琳是夫妻关系，他们有一个即将上大学的儿子。丽琳正在准备儿子去外地上学带的东西，张文海在浇花儿。）

丽　琳：明天起，儿子就要离开咱俩一个人在外地生活了，我这心里**七上八下**的。

张文海：儿子已经是大人了，你就别操心了。儿孙自有儿孙福[1]，他们这一代肯定比咱们过得好。

丽　琳：儿行千里母担忧[2]。谁像你似的，还有闲心摆弄你的花儿。**亏**你还是他爸爸！

张文海：你别说我，咱俩一样，你不也在缝布娃娃呢吗？

丽　琳：什么布娃娃呀，这是护身符[3]！拴在儿子手机上，甭管他走多远，妈妈一直在他身边保佑他。

张文海：你哪像个医生，简直是不可理喻[4]！这种封建迷信的东西你也信？

丽　琳：就是图个吉利。再说总得找点儿事干吧，要不这心里**空落落**的。我哪像你呀，**没心没肺**的。

张文海：一说儿子的事，你就跟我**闹别扭**。

丽　琳：你自己说说，从孩子接到录取通知书到现在，你都干了些什么？我这每天忙里忙外的，你倒好，**整个一个甩手掌柜**。

张文海：我看是儿子要走了，你心里**不是滋味**，就拿我当**出气筒**。

丽　琳：他平生第一次出远门，我怎么能不担心？

张文海：好男儿志在四方[5]，他人生中的第一次还多着呢！你要是担心，咱就别让他出门了，在家最安全！

丽　琳：你这不是抬杠[6]吗？

张文海：你看你，我这么说你又**不干**了吧？给他带那么多吃的干吗？一共几个小时的车程，你准备的足够他吃一个礼拜的了。

丽　琳：穷家富路[7]嘛。再说也不能他一个人吃呀，认识不认识的都给点儿。在家靠父母，出门靠朋友嘛。

张文海：我昨天还听你嘱咐他，别人给的东西不能吃。这话前后都矛盾。

丽　琳：我就是让他多长个心眼儿。害人之心不可有，防人之心不可无[8]。

脑子里得有根安全的弦儿[9]。

张文海：得让孩子经风雨见世面[10]了！他们这一代，**衣来伸手，饭来张口**的生活过惯了，太娇气[11]了，将来又怎么能指望他们成为社会的栋梁[12]？

丽　琳：哼，就会讲大道理，**说的比唱的还好听**。反正我觉得你不关心孩子。

张文海：我就知道，我这些话都是**对牛弹琴**。我不是不关心，只是关心的方式不同。我是要把他培养成一个顶天立地[13]的男子汉。

丽　琳：我没时间跟你在这儿**磨嘴皮子**，我还得去给他收拾行李箱呢。

张文海：我早就弄完了。

丽　琳：什么时候弄的？我怎么不知道？

张文海：让你知道**黄花菜都凉了**。

丽　琳：嘿，**合着**你早弄完啦？我还以为你真不关心儿子的事呢！

张文海：大学教育的最大好处就是孩子开始独立生活了。这是年轻人走向社会不可或缺[14]的一个过渡期。有些父母不明白这个道理，为了照顾孩子的生活，有人提前退休，到孩子上大学的城市租房子住；还有人雇小时工，为孩子打扫卫生、清洗衣物。这**往好里说是**关心孩子，**往坏里说就是**娇惯孩子，害了孩子！

注释

1. 儿孙自有儿孙福（érsūn zì yǒu érsūn fú）：孩子们将来都会生活得很幸福，（长辈们不必为他们操心）。有时与“莫为儿孙做马牛”连用。
2. 儿行千里母担忧（ér xíng qiān lǐ mǔ dānyōu）：母亲为离家远行的孩子担忧。形容母爱真挚深厚。
3. 护身符（hùshēnfú）：迷信的人随身佩戴、认为可以避免灾祸的小物件。
4. 不可理喻（bùkě-lǐyù）：无法用道理来开导说服。形容人不懂道理。

5. 好男儿志在四方（hǎo nán'ér zhì zài sìfāng）：男子汉的志向是到世界各地去闯荡。
6. 抬杠（táigàng）：无意义地与人争辩。
7. 穷家富路（qióngjiā-fùlù）：在家生活时穷点儿没关系，但出门在外一定要多带点儿钱物。
8. 害人之心不可有，防人之心不可无（hài rén zhī xīn bùkě yǒu，fáng rén zhī xīn bùkě wú）：不要有害人的想法，但防备他人的思想必须有。
9. 弦儿（xiánr）：课文里指念头。
10. 经风雨见世面（jīng fēngyǔ jiàn shìmiàn）：在外经历困难挫折，开阔眼界增长见识。形容人丰富生活阅历。
11. 娇气（jiāoqì）：形容人脆弱，怕吃苦，习惯享受。
12. 栋梁（dòngliáng）：比喻担负国家重任的人。
13. 顶天立地（dǐngtiān-lìdì）：形容人形象高大。多指男子汉。
14. 不可或缺（bùkě-huòquē）：不能有一点儿缺少，形容重要。

词语例释

1. 七上八下（qī shàng bā xià）

释义：形容内心不安。可用于歇后语“十五个吊桶打水——七上八下”。

（1）儿子要登台表演了，小丽紧拉着丈夫宋奇的手：“我心里七上八下的，他可是第一次在众人面前表演哪！”

（2）李刚和宋奇聊天儿：“当初向小茹求婚的时候我心里真是七上八下的，她要真是当众拒绝了，你说我怎么办？”

2. 亏（kuī）

释义：反说，表示讥讽，意思是没达到或不应该。

（1）乡下亲戚来看宋奇，带来一只自家养的鸡做礼物。
宋奇：这怎么办，我也不敢杀鸡呀？
亲戚：亏你还是男子汉，连只鸡都不敢杀。等我走时，帮你杀了它。

（2）宋奇老家的远房亲戚来借钱。宋奇和妻子小丽商量，小丽一听钱数，吓了一跳："这么多？亏他说得出口！你是不是回老家吹牛，把自己说成大款了？"

3. 空落落（kōngluòluò）

释义：多形容心中没有着落，若有所失。口语中通常读作"kōnglàolào"。

（1）下班，丽琳的朋友邀请她："咱们旅行去吧，你儿子上大学刚离开家，你这心里肯定空落落的，不如我们也出去散散心。"

（2）送孩子去幼儿园的第一天，小丽跟丈夫宋奇谈自己的感受："孩子在家时，我嫌他吵闹；不在家了，这心里又空落落的。"

4. 没心没肺（méixīn-méifèi）

释义：做事不动脑子，没有心计，有点儿傻或不懂感情。

（1）小丽跟母亲说丈夫宋奇的缺点："有一次我让他去买菜，一会儿工夫空手回来了。我问他菜呢？他一拍脑袋，说忘在菜摊儿上了。就是个马大哈，没心没肺的！"

（2）老伴儿批评老朱："你这个人哪，没心没肺的。你过生日，孩子们买礼物，那是他们的心意，你怎么还埋怨他们花钱大手大脚呢！"

5. 闹别扭（nào bièniu）

释义：（1）彼此有意见而合不来；（2）因不满意对方而故意为难。

（1）等李刚和小胡离开，宋奇对经理道："您知道他俩互相看不上，让他俩合作，那还不得总闹别扭？"

（2）宋奇跟妻子抱怨："我说去饭店吃吧，你说浪费钱；等我做完了吧，你又说没有饭店做得好吃。你这不是成心跟我闹别扭吗？"

6. 整个一个（zhěnggè yí gè）

释义：完全的、百分之百的是（某种类型的人或某种情况）。语气夸张，多用于贬义。

（1）小茹：宋奇怎么不买车呢？男人不都喜欢车吗？

李刚：他整个一个"妻管严"，早就想买了，可老婆就是不给钱。

（2）小丽讲完笑话，看着呆呆的宋奇说："你咋不笑呢？"宋奇问："该笑了吗？"小丽气得直跺脚："哎呀，整个一个对牛弹琴！"

7. 甩手掌柜（shuǎishǒu zhǎngguì）

释义：指光指挥别人，自己什么也不干的人；或指虽与事有关却不做事的人。

（1）宋奇：饭好了吗？我和儿子都要饿死了！

小丽：别催，你也不帮我一下儿，就当甩手掌柜！

（2）宋奇：装修新房就你一个人干吗？小茹呢？

李刚：她天天忙工作，根本不管装修的事，就是一个甩手掌柜！

8. 不是滋味（búshì zīwèi）

释义：心里不舒服，难受。

（1）小丽跟丈夫谈送儿子去幼儿园的感受："我把他送到大门口，老师出来接，不让大人进去。儿子倒是听话，没有哭闹。老师牵着他手往里走，他一直扭头看着我，看得我心里真不是滋味。”

（2）李刚：这个月你奖金竟然比我多一倍！

宋奇：心里特不是滋味吧？我工作干得好哇！

9. 出气筒（chūqìtǒng）

释义：比喻被人用来发泄怨气的人或东西。

（1）小丽：咱儿子长得这么瘦小，将来到了幼儿园，会不会成为其他孩子的出气筒啊？

宋奇：不会，你不也长得挺瘦小吗？可我是你的出气筒！

（2）有一次李刚削铅笔，不小心，铅断了，他生气，又削又断，越断越生气，越生气越断。他把笔当成了出气筒，好好的一支笔竟然让他削没了。

10. 不干（bú gàn）

释义：口语，因委屈、不满而不肯接受。

（1）宋奇想培养孩子的自理能力，让孩子自己洗袜子，结果妻子小丽不干了，为此两口子还吵了一架。

（2）宋奇答应孩子，周末带他去游乐场。到了周末他借口加班不想去了，儿子可不干了，大哭大闹起来。

11. 衣来伸手，饭来张口（yī lái shēn shǒu，fàn lái zhāng kǒu）

释义：形容生活中完全依赖他人。贬义。

（1）宋奇对妻子小丽说：“儿子天天衣来伸手，饭来张口，这样下去可不行，咱们得多让他自己干点儿家务，多锻炼他。”

（2）小丽：我这一病你可就受累了，我和孩子全让你一个人照顾。

宋奇：快别这么说，以前都是你照顾我们，这次好不容易有个机会，也让你感受一下儿衣来伸手，饭来张口的生活吧。

12. 说的比唱的还好听（shuōde bǐ chàngde hái hǎotīng）

释义：说得很好，但不做或做得不好。一般指骗人的空话。

（1）孩子：妈妈病好了，还是妈妈给我洗脚吧，她洗得干净。

宋奇：你昨天跟我怎么说的？说以后自己洗脚、洗袜子，做一个懂事的孩子，哎哟，说的比唱的还好听，今天就改主意啦？

（2）宋奇：李刚说了，和你结婚以后不再乱花钱了，算计着过日子。

小茹：他的话你也信？说的比唱的还好听！结婚以后我就不能让他管钱。

13. 对牛弹琴（duìniú-tánqín）

释义：比喻对不懂道理的人讲道理，对外行人说内行话。

（1）小丽：儿子太气人了，给他讲道理也不听。

宋奇：他才三岁，你讲的都是大道理，那不是对牛弹琴吗？

（2）李刚：我跟宋奇讲了半天图表制作，可他还是做不好。

小茹：这方面他本来就不擅长，你跟他讲就是对牛弹琴，以后有这种活儿你接过来自己做就行了。

14. 磨嘴皮子（mó zuǐpízi）

释义：（1）费口舌；（2）说废话。

（1）宋奇和妻子聊天儿："一说到讨价还价我就头疼。为几块钱的东西跟小贩们磨嘴皮子，我真的不行。"

（2）母亲：给孩子报兴趣班的事，你要不要和宋奇商量一下儿？

小丽：不用，他只会说些照顾孩子的兴趣、尊重孩子的意愿这样的废话！孩子这么小，懂什么呀？我懒得跟他磨嘴皮子了。

15. 黄花菜都凉了（huánghuācài dōu liáng le）

释义：指某人来晚或做某事做晚了（含戏谑意）。

（1）李刚参加宴会，发现大家早就吃上了，抗议道："你们居然不等我！"
宋奇说："等你？等你黄花菜都凉了！"

（2）宋奇：给孩子报兴趣班的事你也没跟我商量一下儿？
小丽：商量什么呀？等你搞清楚孩子的兴趣和愿望，黄花菜都凉了！

16. 合着（hézhe）

释义：北京方言，表示终于明白，同"原来"。

（1）大家七嘴八舌地告诉宋奇，说总经理很生气，他这个月的奖金恐怕没了。宋奇一时慌了，说这个月也没做错什么。大家笑眯眯地看着他，他恍然大悟："合着你们骗我呢！"

（2）李刚介绍完方案，宋奇说："和大成公司合作的事取消了，方案已经没有意义了。"李刚生气道："合着我白忙活了呗？"

17. 往好里说是……，往坏里说就是……（wǎng hǎo lǐ shuō shì…，wǎng huài lǐ shuō jiù shì…）

释义：指出事物好坏两个方面，但强调的是坏的方面。也说"说得好听点儿是……，说得不好听就是……"。

（1）小丽关心小茹的婚事，丈夫宋奇提醒她："她的婚事你以后别再提了，人家反感。往好里说是关心人家，往坏里说就是干涉人家隐私。"

（2）小丽图便宜，给宋奇买的裤子刚穿了两天兜儿就破了，宋奇生气地说："说得好听点儿你这是节俭，说得不好听就是抠门儿！"

巩固练习

一、根据课文内容选词填空。

（一）

儿孙自有儿孙福　闹别扭　说的比唱的还好听　七上八下　抬杠 出气筒　经风雨见世面　亏　没心没肺　娇气　衣来伸手，饭来张口

儿子要去外地上大学了，丽琳心里__________的。她把丈夫当成了__________，和丈夫__________，骂丈夫__________，不关心孩子的事，__________他还是孩子的爸爸。可张文海觉得__________，做父母的没必要操这么多心。他跟妻子__________，说要是担心的话，就别让儿子出门了，留在家里安全。他觉得，长久以来，儿子这一代人过惯了__________的生活，太__________了，将来又怎么能指望他们成为社会的栋梁呢？应该让孩子__________了。可妻子却认为丈夫只会讲大道理，__________。

（二）

磨嘴皮子　害人之心不可有，防人之心不可无 对牛弹琴　弦儿　往好里说是……往坏里说就是……

儿子第一次出远门，丽琳叮嘱他要处处小心，__________，脑子里得有根安全的__________。张文海劝她，孩子大了要走上社会，大学是最好的过渡期，很多父母干涉子女的生活，__________关心孩子，__________害孩子。丽琳不想跟他__________，张文海觉得自己是__________。

二、根据所设情境用提供的词语表达。

1. 孩子要跟朋友出去旅游，这是第一次离开父母，妻子埋怨丈夫道："你这个人哪，真是什么事都不放在心上！我这心里很不安，你却跟没事人似的。还是孩子的父亲呢！"（没心没肺　七上八下　亏）

2. 妻子下班把孩子从幼儿园接回来，发现丈夫正在小区楼下与人下棋。她生气地说："你还有闲心下棋呢？今早不是你主动说去接孩子吗？闹了半天你跟我耍嘴皮子呢？说得好着呢！等到你想起接孩子，什么都晚了！"（合着　说的比唱的还好听　黄花菜都凉了）

3. 妻子发现丈夫抽烟，批评丈夫："为这事我少跟你费口舌了吗？可都是废话！每次都说一定戒，说得好着呢！抽烟的害处连儿子都知道，你一个大人还不懂道理！"（磨嘴皮子　对牛弹琴　说的比唱的还好听　亏　不可理喻）

4. 你和同事聊自己的家事："我教育儿子，依赖他人是不对的，将来要想成为人才，就不能太脆弱，有些事就应该自己去做。结果孩子奶奶听了不接受了。说孩子在家靠父母，出门靠朋友，俗话是这么说的。你说这都什么理论呢？"（衣来伸手，饭来张口　栋梁　娇气　不干　抬杠）

5. 你向朋友诉说烦恼："我告诉老婆，男孩子要志向高远，应该让儿子锻炼锻炼了，这样才能培养出男子汉嘛。过多的照顾，看似是关心，其实是害他。听我这么说，她生气了，说我不关心孩子。你说我这不是白讲道理吗？"（好男儿志在四方　经风雨见世面　顶天立地　往好里说是……，往坏里说就是……　不干　对牛弹琴）

6. 妻子跟同事抱怨丈夫："他呀，天天说自己重要，能干这能干那，说得好着呢，其实呢，什么也不干，就会说废话。"（不可或缺　说的比唱的还好听　整个一个　甩手掌柜　磨嘴皮子）

7. 妻子买的鞋不合适，去商场退换遭拒，心情不好，和丈夫赌气。丈夫说："我就知道，你今天肯定得和我吵架，你心里不舒服，就拿我出气。你买的时候我就说了吧，别图便宜，便宜没好货，可你不同意呀！还反过来嫌我挣钱少，让你只能买便宜货。你这不是不讲道理吗？"（闹别扭　不是滋味　出气筒　不干抬杠）

8. 你的儿子出国留学了，你跟朋友说："孩子们都会生活幸福的，这道理我也懂。可他出远门我也担心哪，我现在这心里还真是放不下。他在家的时候吧，我嫌他吵闹，他这一走，我这心里一下子不知该干什么了。"（儿孙自有儿孙福　儿行千里母担忧　七上八下　空落落）

拓展练习

两人一组，根据以下各题的情境和对话提示设计表演内容，尽可能多地使用提示词语及本课学到的新熟语。

1. 丈夫下班回到家，和妻子聊起睡了两天办公室的同事老张。

丈夫：老张又睡办公室了。估计是两口子吵架了。家事他不愿意说，我也不好意思问。不过看他睡沙发，吃方便面，我这心里还真有点儿难受。

妻子：你可真是不懂事！看不出你们还是好朋友。这个时候才需要你呢！你得问问，看看怎么帮他把事情解决了！

△提示：闹别扭　家丑不可外扬　不是滋味　没心没肺　亏　摆平

2. 妻子不同意女儿的婚事，与女儿吵架后向丈夫诉苦。

妻子：我劝了半天，她也不接受，说要是再管她的事，她就一辈子不结婚了。你说这不是赌气吗？她怎么就不理解当妈的心情呢，我这不都是为她好吗？

丈夫：别在这事上跟孩子过不去了，他们都有自己的幸福生活，婚事还得让他们自己做主。咱们都年轻过，应该明白这个道理。你这说是关心，其实是干涉婚姻自由了。

△提示：磨嘴皮子　不干　抬杠　苦衷　闹别扭　儿孙自有儿孙福　过来人　往好里说是……，往坏里说就是……

交际提示

一、当某人的言行你接受不了时，你可以这样表达不满：

1. 亏

A. 亏你还是个大男人，打个针还害怕！

B. 我这么帮他，他还这样对待我，亏他做得出来！

2. 不可理喻

A. 你这个人呢，真是不可理喻，你的事我不再管了！

B. 算了，别管了，他想怎么干就怎么干吧，这种人不可理喻！

3. 整个一个

A. 你整个一个法盲，你这么做叫犯法，懂不懂？

B. 这哪是房间哪？整个一个垃圾场啊！你能住下去，我可不干。

4. 对牛弹琴

A. 看来我说了半天都是对牛弹琴，你是一句没听懂啊！

B. 算了，就算我对牛弹琴了，你想怎么干就怎么干吧。

5. 往好里说是……，往坏里说就是……

A. 你这往好里说是干净，往坏里说就是洁癖呀！

B. 他这个人呢，往好里说是要强，往坏里说就是太虚荣了。

6. 说的比唱的还好听

A. 你这个人呢，一向是说的比唱的还好听，我才不信呢！

B. 当初不是你说帮我干家务的吗？现在变成甩手掌柜了，说的比唱的还好听！

7. 黄花菜都凉了

A. 这活儿要是指着你，黄花菜都凉了！

B. 你看看几点了？等着你接人，黄花菜都凉了！

二、孩子大了，该独立生活了，做父母的常会这样叮嘱孩子：

1. 好男儿志在四方

A. 好男儿志在四方，该到外面闯荡闯荡了。

B. 好男儿志在四方，整天守着父母有什么出息？

2. 害人之心不可有，防人之心不可无

A. 一个人在外生活，处处要小心，害人之心不可有，防人之心不可无哇。

B. 这件事要慎重，还是多个心眼儿好，害人之心不可有，但防人之心也不可无哇。

3. 经风雨见世面

A. 你大了，该经风雨见世面了。这个麻烦爸妈不想帮你，给你一个自己解决的机会。

B. 正是经风雨见世面的时候，世界这么大，趁着年轻，各处走走。

第五课　咱俩也算是性格互补

热身

讨论：

1. 你跟好朋友的性格是相同的，还是截然相反的呢？你们之间发生过什么让你难忘的事吗？
2. 你是喜欢通过网络在虚拟的世界里与人交往，还是面对面地与人谈天说地？
3. 你有没有过听见手机的铃声就紧张的感觉？

交际提示：

1. 如果你想事先提醒或警告对方，应该怎么说呢？
2. 劝朋友学会与人打交道，你应该怎么说呢？

课文

（刘佳和晓华都是某大学即将毕业的研究生，两个人也是闺蜜。某节日的下午，刘佳到晓华的住处约她晚上出去和同学聚一聚。）

刘　佳：哟，瞧这桌上乱的，盆朝天碗朝地[1]的！你今天怎么啦，怎么这副模样？

晓　华：有点儿不舒服，歇一会儿。

刘　佳：哪儿不舒服，我看看。噢，我明白了，这是心病。过节想家了，对不对？每逢佳节倍思亲[2]嘛。

晓　华：你去玩儿吧，别管我。我躺一会儿就好了。

刘　佳：那哪行啊，你现在都快成"宅[3]女"了。走，和我们一起出去热闹热闹。

晓　华：你和男朋友的二人世界，我怎么好去做电灯泡[4]？

刘　佳：还有别的人呢。都是年轻人，说话投机[5]。

晓　华：他们我也不认识，我**瞎掺和**什么呀！你也知道，和陌生人打交道，我浑身都不自在。

刘　佳：一回生，二回熟[6]嘛。今天是周末，又是节日，咱们几个年轻人出去聚聚，多认识几个朋友，没坏处。有什么不自在的？就咱们这形象，**落落大方**地往那儿一坐，肯定有男生**上赶着**和你**套近乎**。别磨叽[7]了，痛快点儿。瞧你这**半死不活**的，真让人崩溃[8]！摇头不算点头算[9]！就你这慢性子，谁和你在一起都得抓狂[10]！

晓　华：那我得打扮一下儿啊。

刘　佳：是得打扮，蓬头垢面[11]的，哪像个淑女呀？晚上参加聚会的都是咱们学校的，有毕业参加工作的，也有刚考上研的，大家天南地北[12]地好好聊聊，万一遇到一个中意的，也算是我给你介绍男朋友了。

晓　华：你这么一说我更不敢去了。

刘　佳：我**丑话说前头**，将来找不到男朋友，那可是你活该[13]了，别怪我不帮忙。

晓　华：行了行了，我知道你是为我好，你就别得理不饶人了！该怎么做全听你的还不行吗？

刘 佳：我这也是受伯母的委托。伯母上次离开的时候拉着我的手说，晓华性格懦弱，缺乏主动性，不好找男朋友，让我帮你。每次伯母来都给我带礼物，我都不好意思要了。**吃了人家的嘴软，拿了人家的手短**，我敢不帮你吗？

晓 华：你就贫吧！我也知道自己的缺点，就是克服不了。要不说江山易改，本性难移[14]呢。没有你的帮助，我哪能认识这么多的朋友？研究生三年，和你做同学真是我的运气。

刘 佳：我的天哪！今天怎么嘴这么甜[15]呢？其实，咱俩也算是性格互补，互相帮助。你就说今天，我不逼你的话，你连门都不想出，上哪儿找男朋友去呀？现代人自从有了网络，都不愿意面对面交流了，连聊个天儿都觉得有压力。

晓 华：哎，说到男朋友，我也给你提个醒，别对你男朋友要求太高了。金无足赤，人无完人[16]，有些事最好还是**睁一只眼闭一只眼**。同学面前照顾一下儿他的自尊，别太**那个**了。你就说上次，他也就是迟到了五分钟，你看你，**不分青红皂白**就把人家数落[17]一通，说话跟**吃了枪药**似的，弄得人家**脸**都**没地儿搁**。我当时都想替他**打抱不平**了。

刘 佳：你提醒得对，我这人性格太直，一生气就控制不住自己的火气。所以说，我也离不开你呀。

注释

1. 盆朝天碗朝地（pén cháo tiān wǎn cháo dì）：形容房间很乱。
2. 每逢佳节倍思亲（měi féng jiājié bèi sī qīn）：古诗，每到节日更加思念远方的亲人。

3. 宅（zhái）：网络流行语，做动词用。除工作购物等必要时间外，其余时间都独居家中，不与外界交流。宅在家中的男女也分别称为“宅男”“宅女”。
4. 电灯泡（diàndēngpào）：比喻因为在旁边不离开而妨碍情侣等单独相会的人（含戏谑意）。
5. 投机（tóujī）：见解相同，有共同语言。
6. 一回生，二回熟（yī huí shēng，èr huí shú）：与人交往，最初不认识，多次见面就彼此熟悉了。
7. 磨叽（mòji）：说话或者做事啰唆，不痛快，也可以说“磨磨叽叽”。
8. 崩溃（bēngkuì）：（多指人精神方面或国家政治、经济、军事等）彻底毁坏。现在年轻人多用该词感叹无奈（含诙谐意）。
9. 摇头不算点头算（yáo tóu bú suàn diǎn tóu suàn）：摇头表示不同意，点头表示同意。要求明确态度。
10. 抓狂（zhuākuáng）：因着急或生气而发疯。
11. 蓬头垢面（péngtóu-gòumiàn）：形容头发很乱，脸上很脏的样子。
12. 天南地北（tiānnán-dìběi）：形容说话内容随意。也说天南海北。
13. 活该（huógāi）：表示应该这样，一点儿也不委屈，不值得同情。
14. 江山易改，本性难移（jiāngshān yì gǎi，běnxìng nán yí）：人的本性很难改变。多用于贬义。
15. 嘴甜（zuǐtián）：说的话使人听着舒服。
16. 金无足赤，人无完人（jīn wú zúchì，rén wú wánrén）：人都会有缺点的，没有十全十美的人，就像没有百分之百的纯金一样。
17. 数落（shǔluo）：列举过失而责备人。

词语例释

1. 瞎掺和（xiā chānhuo）

释义：参与和自己没关系的事情。贬义。

（1）小茹和小丽谈美容化妆的事。

宋奇：你们俩说什么呢，大点儿声，让我也听听。

小丽：我们女人说点儿悄悄话，你个大男人，别瞎掺和！

（2）宋奇：李刚和小茹要去听音乐会，问咱们去不去？

小丽：你又瞎掺和！人家两个人正在谈恋爱，咱们去了不成电灯泡啦？

2. 落落大方（luòluò dàfāng）

释义：举止潇洒自然。

（1）李刚要去见一个外商，他对宋奇道："我得叫上小茹。每次见老外，我都有点儿心虚，没小茹那能力。小茹在客户面前，总是落落大方的，言谈举止充满自信。"

（2）宋奇两口子参加幼儿园活动，看儿子表演。等儿子在台上顺利演完，小丽长舒了一口气，对丈夫道："你摸摸我手心，都是汗！"宋奇道："这方面你就不如儿子了，你看咱儿子，落落大方，一点儿不紧张。"

3. 上赶着（shànggǎnzhe）

释义：积极主动。

（1）李刚要去谈生意，宋奇提醒他："别太上赶着，谈生意谁上赶着谁被动！"

（2）李刚：小胡平时那么小气，今天居然上赶着请我吃饭。你说他怎么想的？

宋奇：可能有事求你。

4. 套近乎（tào jìnhu）

释义：和不太熟悉的人拉关系，表示亲近（多含贬义）。

（1）小茹谈完生意回来，在李刚面前抱怨："这个客户总跟我套近乎，又是加微信，又是请吃饭的。我真不知道怎么办了。"

（2）李刚：朱师傅，您最近发福了，人也显得精神了！

老朱：你少套近乎！想借钱我可没有！

5. 半死不活（bànsǐ-bùhuó）

释义：（1）形容人没精打采；（2）形容企业不景气。

（1）一早上班李刚两眼通红，一副半死不活的样子。宋奇问："昨晚又熬夜玩儿游戏了吧？"

（2）小李的饭店开始挺红火的，可是不知为什么干着干着就半死不活了，最后不得不转手给别人了。

6. 丑话说前头（chǒuhuà shuō qiántou）

释义：把不好听的话先说出来，用于提醒或警告。

（1）李刚向宋奇借两万块钱，宋奇和妻子商量。妻子小丽说："借他可以，但丑话说前头，一年以后他还不上的话，你把他车开回来。这样你也就不用买车了。"

（2）李刚：你手里的那个大客户介绍给我吧，我保证谈成订单。

宋奇：那我丑话说前头，这个大单你要是谈没了，今年的奖金可就泡汤了。

7. 吃了人家的嘴软，拿了人家的手短（chī le rénjia de zuǐ ruǎn，ná le rénjia de shǒu duǎn）______

释义：得了人家的好处，不好意思再以强硬的态度对待人家。

（1）学生带来水果分给大家吃，有人递给张老师，张老师摆摆手，开玩笑说："吃人家的嘴软，拿人家的手短，我可不想因为吃了你们的水果，一会儿不好意思批评你们了。"

（2）老朱吃饱喝足，擦了擦嘴巴对李刚说："好了，有什么话你就直说。我知道，没有免费的午餐，吃了人家的嘴软，拿了人家的手短。有什么事要我帮忙？"

8. 睁一只眼闭一只眼（zhēng yì zhī yǎn bì yì zhī yǎn）______

释义：对不公正不合理的事好像没看见而不加干涉。

（1）李刚工作时间上网聊天儿，宋奇警告他："你以为经理真不知道呢？他是睁一只眼闭一只眼！有一天你真耽误了工作，扣你奖金事小，搞不好开除你！"

（2）小丽和宋奇闹别扭，带儿子回了娘家。母亲劝她："两口子之间有些事你得睁一只眼闭一只眼。偶尔抽支烟啦，多喝一口酒啦，你就装没看见。什么事都管的话，让他觉得自己找的不是老婆，而是找了个警察，他会反感的。"

9. 那个（nàge）______

释义：代替不便直说的话，但大家都明白（含有婉转意）。

（1）李刚去宋奇家吃饭，路上他停下车说给孩子买个礼物。宋奇说算了吧。李刚说："那怎么好意思，老去你家蹭饭，每次都空着手，也太那个了。你不在乎，还有嫂子呢。"

（2）李刚：昨天一忙，把小茹的生日给忘了，生气了。

宋奇：忘了女朋友的生日，是有点儿那个，生气也在情理之中。买个礼物道歉，赶紧补过生日吧！

10. 不分青红皂白（bù fēn qīnghóngzàobái）

释义：不问是非、缘由（就对人加以指责、处理）。

（1）“小茹，我得批评你。”宋奇对小茹说，“我听说你对新房装修不满意，又不分青红皂白地对李刚发脾气。他刚才跟我抱怨了。”

（2）下班后，宋奇嘱咐李刚：“这段时间你先别去我们家，你嫂子变成刺猬了，见谁扎谁。昨天又不分青红皂白地把我骂了一顿，说我是不是把她的戒指当垃圾扔了。后来调查清楚，是她儿子给她藏起来了。”

11. 吃枪药（chī qiāngyào）

释义：形容说话火气大，带有火药味儿。

（1）宋奇：李刚今天怎么啦，说话跟吃了枪药似的？

小茹：刚才有客户投诉他，说他态度不好。结果经理把他找去骂了一顿。

（2）小丽：怎么才回来，吃饭了吗？

宋奇：还吃饭呢，早就气饱了！

小丽：哟，这是谁把你气成这样啊？说话跟吃了枪药似的？

12. 脸没地儿搁（liǎn méi dìr gē）

释义：觉得丢脸；没面子。

（1）宋奇：小茹生谁的气呢？见了我连招呼都不打了。

李刚：马大姐说话也没个分寸，当着那么多人的面，说小茹年纪不小还不抓紧结婚，弄得小茹脸都没地儿搁。

（2）小丽：今天我说错话了，儿子不高兴了。我本来是想谦虚一下儿，跟他老师说，我们孩子笨，只能笨鸟先飞呗。儿子在旁听见了，觉得没面子了。

宋奇：孩子小，也有自尊。以后大人说话真得注意些，别弄得孩子脸没地儿搁。

13. 打抱不平（dǎbàobùpíng）

释义：帮助受到不公正对待的人说话或采取某种行动。

（1）一早上班李刚气哼哼走进办公室，小茹问怎么回事，李刚说："路上遇到两个人吵架，那个男人居然要对女人动手，我打抱不平，对他说，你要敢动手，我就报警！"

（2）宋奇跟李刚聊天儿，嫌老婆最近脾气不好，李刚说："这我可得替嫂子打抱不平了，人家也有一摊子工作，又要干家务，又要照顾孩子，你还有什么不满意的？我看你这是身在福中不知福！"

巩固练习

一、根据课文内容选词填空。

（一）

摇头不算点头算　落落大方　抓狂　投机　套近乎 一回生，二回熟　磨叽　半死不活　上赶着　瞎掺和　宅

刘佳发现晓华一个人＿＿＿＿＿＿＿在家里，蓬头垢面，一副＿＿＿＿＿＿＿的样子，她看了简直要崩溃。所以她请晓华一起出去聚一聚，都是年轻人，说话肯定＿＿＿＿＿＿＿。因为不认识，晓华不想＿＿＿＿＿＿＿。可是

刘佳觉得＿＿＿＿＿＿，万一遇到一个中意的，也算是给自己找了个男朋友。她鼓励晓华，形象也不错，＿＿＿＿＿＿地往那儿一坐，肯定有男生＿＿＿＿＿＿和她＿＿＿＿＿＿。她让晓华别＿＿＿＿＿＿，赶快决定，＿＿＿＿＿＿。晓华的慢性子让刘佳＿＿＿＿＿＿。

（二）

打抱不平　数落　那个　不分青红皂白　吃了枪药 睁一只眼闭一只眼　脸都没地儿搁　江山易改，本性难移

刘佳和晓华两个人性格互补，互相帮助。晓华性格懦弱，做事缺乏主动性，不好找男朋友。她也知道自己的缺点，就是克服不了。要不说＿＿＿＿＿＿呢。而刘佳也离不开晓华，她这个人性子直，一生气就控制不住自己的火气。有一次男朋友迟到了五分钟，她＿＿＿＿＿＿就把对方＿＿＿＿＿＿了一通，说话跟＿＿＿＿＿＿似的，弄得男友＿＿＿＿＿＿。晓华替她男友＿＿＿＿＿＿，提醒刘佳，金无足赤，人无完人，有些事要＿＿＿＿＿＿，同学面前照顾一下儿男友的自尊，别太＿＿＿＿＿＿了。

二、根据所设情境用提供的词语表达。

1. 儿子和刚认识的女友在房间里聊天儿，妻子想进去看看女孩子长什么样，你阻止妻子："两个人正聊得开心，这时候你进去打扰，不是妨碍人家吗？"（投机　节骨眼儿　瞎掺和　电灯泡）

2. 你提醒好朋友："别老这么批评你男朋友，尤其是在外人面前，弄得他没面子。谁没个缺点，一些小事，就算了吧，别太认真。"（数落　脸没地儿搁　金无足赤，人无完人　鸡毛蒜皮　睁一只眼闭一只眼　那个）

3. 节日晚上，你的朋友一个人在家，你邀请他出去聚聚："节日容易想家，别一个人待在这里了，找几个说话谈得来的哥们儿，去歌厅聚聚，唱唱歌，再随便聊聊，心情会好一些。"（每逢佳节倍思亲　宅　投机　天南地北）

4. 婚礼现场，两个婚庆公司的员工一直在为怎样布置大厅争论不休，负责人命令二人："你们俩别争论啦！让你们怎么干就怎么干！你瞧这乱的，怎么举行婚礼呀？新郎新娘都急得快疯了，这个时候你们还在那里说废话，等你们布置好，一切都晚了！"（瞎掺和　抓狂　节骨眼儿　磨嘴皮子　黄花菜都凉了）

5. 一早父亲发现儿子的精神状态不佳，于是训斥儿子："瞧你没精打采的，又熬一宿吧？熬夜玩儿游戏这毛病少说你了吗？真是难改！待在家里大半年了吧？你就该找不着工作！我警告你，咱们家不养'啃老族'！"（半死不活　江山易改，本性难移　宅　活该　丑话说前头）

6. 你警告同事："别收人家礼物了，收了人家东西你还敢较真儿吗？这些人和你拉关系是为了什么？还不就是想让你照顾吗？我警告你，如果老板有一天问起这事的话，别怪我实话实说，他炒你鱿鱼那是你自找的！"（吃了人家的嘴软，拿了人家的手短　套近乎　睁一只眼闭一只眼　丑话说前头　够意思　活该）

7. 女儿和男朋友闹别扭了，男朋友离开后，母亲批评女儿："你今天怎么啦，火气这么大？你了解真相吗，就这么把人指责一通？还当着我的面，让他脸面怎么过得去？我都想替他说话了！还好，这孩子挺有度量，不跟你计较，换了别人，早就和你吵起来了。做父母的，你们年轻人的事不该多参与，有些事我是该装看不见，可我怕你身在福中不知福！你发点儿小脾气也没关系，但别太过分。我警告你，有一天人家和你分手，是你自找的！行了，别琢磨了，赶快去道个歉，说得好听点儿！"（吃枪药　不分青红皂白　数落　脸没地儿搁　打抱不平　涵养　瞎掺和　睁一只眼闭一只眼　那个　丑话说前头　活该　磨叽　赔不是　嘴甜）

8. 晚上有一个相亲派对，你有些自卑，不想参加。朋友鼓励你："还是和大家见一面，多见几面就熟悉了嘛。注意点儿形象，别这么乱七八糟的。男子汉嘛，有点儿自信，得主动和女孩儿打交道。你看你，不敢说是帅哥吧，但长得也不差呀！我警告你，这时候你要是不给力，就该打一辈子光棍！怎么样，到底同意不同意？表示一下儿！别犹豫了！遇到你这种慢性子，真让人受不了！”（一回生，二回熟　蓬头垢面　上赶着　套近乎　高富帅　一表人才　丑话说前头　节骨眼儿　掉链子　活该　摇头不算点头算　磨叽　崩溃）

拓展练习

两人一组，根据以下各题的情境和对话提示设计表演内容，尽可能多地使用提示词语及本课学到的新熟语。

1. 小李来找闺蜜小王出去玩儿。

小李：别待在家里了，咱们出去聚一聚。

小王：你和男朋友的二人世界，我才不去呢！

小李：还有别人呢。都是年轻人，有共同语言。别啰嗦了，到底去不去，表示一下儿！我可提醒你，将来你找不到男朋友别怪我不帮忙。

△提示：宅　电灯泡　投机　磨叽　摇头不算点头算　丑话说前头

2. 临近节日，两个快递员的对话。

快递员甲：要过节了，我想请假回家看看。

快递员乙：老板今天好像生气了，不管见到谁，不问缘由就是一通指责。临近节日，快件多，这时候你去请假，你不是找他训你吗？

△提示：每逢佳节倍思亲　吃枪药　不分青红皂白　数落　节骨眼儿

3. 小王邀请好朋友小李吃饭，两个人聊天儿开玩笑。

小李：你甭跟我这么热情，吃了你的饭，就得听你的话，你肯定是有什么事要让我帮忙。

小王：请你吃个饭，还啰里啰唆的，你是不是太过分了？到底去不去，表示一下儿！我提醒你，这次不去，以后别想让我再请你！

△提示：套近乎　吃了人家的嘴软，拿了人家的手短　磨叽　那个　摇头不算点头算　丑话说前头

交际提示

一、事先提醒或警告对方的时候，你可以这样说：

1. 丑话说前头

A. 我丑话说前头，下月这钱不还的话，我把你车开走！

B. 我丑话说前头，这是我最后一次给你介绍女朋友，以后你个人的事我就不管了。

2. 吃了人家的嘴软，拿了人家的手短

A. 别收人家东西，吃了人家的嘴软，拿了人家的手短，人家真有事求你，你办不到怎么办？

B. 吃了人家的嘴软，拿了人家的手短，要想活得理直气壮，就别占人便宜。

3. 睁一只眼闭一只眼

A. 你记住，不可能事事如意，有些事只能睁一只眼闭一只眼。

B. 如果不是什么原则问题，你就睁一只眼闭一只眼，别总挑人毛病。

4. 那个

A. 不是什么大事，你也别太那个了，差不多就行了。

B. 大家都是朋友，花钱方面也别太那个了，要不然谁和你打交道哇？

5. 不分青红皂白

A. 别不分青红皂白就发脾气，冤枉了人家！

B. 你先了解一下儿情况，别不分青红皂白就训人！

二、劝朋友学会与人打交道，你可以这么说：

1. 一回生，二回熟

A. 我介绍几个朋友给你认识，一回生，二回熟嘛。人脉对工作很重要。

B. 刚开始见面，肯定会客客气气，但一回生，二回熟，喝顿酒就成老朋友了。

2. 落落大方

A. 谈生意的时候，落落大方的，别紧张，准备充分也没什么可怕的。

B. 和人家见面后落落大方的，正常聊天儿就行，别装腔作势，让人反感。

3. 嘴甜

A. 见了面嘴甜点儿，别老那么直来直去的！

B. 嘴甜点儿不意味着撒谎，总这么实话实说，弄得大家挺尴尬的，谁愿意和你交往？

第六课　钱要算计着花

热身

讨论：

1. 听说过“啃老族”和“月光族”吗？你觉得产生这两个“族”的原因是什么？
2. 有人花钱“精打细算”，有人花钱“大手大脚”，你属于哪一类人呢？

交际提示：

当朋友与人攀比，乱花钱的时候，你应该怎样提醒他呢？

课文

（刘佳到晓华的住处做客。）

晓　华：刘佳，来看看我买的电脑，全部最新配置。这回我可是**花了血本儿**了。

刘　佳：嚯，**鸟枪换炮**啦！到底想明白了，把你那台**老掉牙**的电脑淘汰了？

晓　华：老电脑陪伴我快十年了，也算是立下了汗马功劳[1]。让收废品的搬走时，我眼泪差点儿掉下来。

刘　佳：你就是多愁善感[2]，属林黛玉的。旧的不去，新的不来！我的电脑都换了多少个了。

晓　华：我哪能和你比呀，花起钱来一点儿不犹豫，买什么都追求高大上[3]。

刘　佳：你说对了，我不像你似的，买个什么东西还要想半天。钱财乃是身外之物，生不带来死不带去。人呢，得洒脱[4]些。说说吧，这次怎么突然开窍儿[5]了？

晓　华：这不是给别人翻译了点儿东西，挣了点儿外快[6]吗？要不哪舍得呀。反正将来工作中也用得着，狠了狠心，买了个高档的。

刘　佳：配套设备买了吗？音箱、打印机什么的，既然更新换代[7]，就一步到位[8]嘛。

晓　华：你是**站着说话不腰疼**，哪儿来的钱呢？马上就要开始找工作面试了，我还得给自己买几套像样的衣服。生活费恐怕也得缩减一半呢。

刘　佳：也是，除去租房子、吃饭等基本开销，咱们也剩不下什么了。

晓　华：真是**应了那句话**，**不当家不知柴米贵**呀。自从我一个人出来过以后，**恨不得一**分钱掰成两半花。原来妈妈批评我花钱**大手大脚**，我还说她老脑筋。现在自己生活了，才知道钱要算计着花。前天电话里我把这话说给妈妈听，本想告诉她，女儿懂事了，让她高兴，没想到害得她掉泪，说什么都要来看看我。

刘　佳：儿行千里母担忧嘛。做老人的也纠结，你钱花多了，她说你浪费，不会过日子；你精打细算[9]了吧，她又心疼，怕你亏着自己。

晓　华：我都二十好几了，还让父母担心，我这心里真不是滋味。我一再向他们保证，不愁吃不愁穿，日子过得挺好的，千万别过来。

刘　佳：你还**打肿脸充胖子**！

晓　华：那有什么办法？那么远的路程，他们根本舍不得买机票。那么大岁数了，我**于心何忍**？

刘　佳：这就是父母，为了给子女多留点儿，自己省吃俭用。所以，我们要是不孝敬父母，天理不容[10]啊！那你这个月怎么过？喝西北风[11]啊？

晓　华：勒紧腰带[12]呗。三顿饭能省就省，能自己做就不叫外卖了。

刘　佳：这也太悲催[13]了！不过，人是铁饭是钢[14]，吃喝上可别亏着自己。我钱也不多，转你五百吧。**瓜子不饱是人心**吧。

晓　华：不用，还没到求助的地步。我是把你当成好朋友，诉诉苦罢了。

刘　佳：既然是好朋友，你推辞什么呀？伤你自尊了，是不是？真是**死要面子活受罪**！

晓　华：好吧，**恭敬不如从命**，那我就收下。感谢你**雪中送炭**，要不然这个月真不好过了。下月收到生活补助就还你，好借好还，再借不难嘛。

刘　佳：听了你的话，我也不敢**心安理得**地花家里的钱了，咱俩共勉[15]，算计着花钱吧。

注释

1. 汗马功劳（hànmǎ-gōngláo）：指大的功劳。
2. 多愁善感（duōchóu-shàngǎn）：形容人感情脆弱，容易发愁或感伤。
3. 高大上（gāo-dà-shàng）：网络流行语，“高端”“大气”“上档次”三词的简称。
4. 洒脱（sǎtuō）：（言谈、举止、风格）随意自然；不拘束；凡事想得开。

5. 开窍儿（kāiqiàor）：想通了；想明白了。

6. 外快（wàikuài）：指本职工作收入以外的收入。

7. 更新换代（gēngxīn huàndài）：除去旧的，换成新的；产品功能升级。

8. 到位（dàowèi）：达到合适的程度或到达预定的位置。

9. 精打细算（jīngdǎ-xìsuàn）：（在使用人力物力上）仔细地计算。

10. 天理不容（tiānlǐ-bùróng）：言行违背了做人的基本道理，令人无法接受。也说“天理难容”。

11. 喝西北风（hē xīběifēng）：指没有东西吃；挨饿。

12. 勒紧腰带（lēijǐn yāodài）：控制支出，生活非常节俭。

13. 悲催（bēicuī）：（1）悲情而催人泪下的；（2）倒霉；不幸。

14. 人是铁饭是钢（rén shì tiě fàn shì gāng）：比喻吃饭很重要。有时与“一顿不吃饿得慌”连用。

15. 共勉（gòngmiǎn）：共同努力；互相勉励。

词语例释

1. 花血本儿（huā xuèběnr）

释义：付出全部本钱。也说“下血本儿”。

（1）李刚：我听说你弄了一幅名画？啥时候让我也欣赏一下儿呗。

宋奇：欣赏可以，但得格外小心，别弄坏了，那可是我花了血本儿淘来的。

（2）宋奇：你嫂子给孩子报了三个学习班，交学费不说，还要买钢琴，买车的事肯定得往后推了。

李刚：嫂子为了培养孩子真是花了血本儿了！

2. 鸟枪换炮（niǎoqiāng-huànpào）

释义：用先进的东西替换了落后的东西。

（1）宋奇：李刚，我让你见识一下儿什么是最新款的手机！你嫂子给我买的生日礼物！

李刚：鸟枪换炮了！而且这“炮”换得绝对高大上，这回嫂子可是花了血本儿啦！

（2）宋奇：我发现老徐也开上车了。

李刚：人家早就鸟枪换炮了，只有你们两口子还为买不买车纠结呢。

3. 老掉牙（lǎodiàoyá）

释义：形容东西、言论等陈旧过时。

（1）李刚：朱师傅，把您那老掉牙的手机淘汰了吧。

老朱：我也就是打个电话，也不上网，也不购物，给我个智能手机，我也不会用。

（2）老朱刚说了句“想当年哪”，老伴儿马上打断他：“你是不是又要讲你那老掉牙的故事呀？这么着，你歇会儿，我替你讲得了。”

4. 站着说话不腰疼（zhànzhe shuōhuà bù yāo téng）

释义：因事情与自己无关或不了解实际情况，所以说一些不负责任的话。

（1）小丽哄儿子睡下，回到卧室，对宋奇发感慨：“老徐那么想要孩子，要孩子有什么好哇？当牛做马，累死累活的。”宋奇哼了一声道：“你是站着说话不腰疼，你有了孩子才说这话，要是没孩子估计你比他更急。”

（2）李刚因一个经济案子被叫到公安局协助调查，回来后心情很沮丧。

宋奇：事情说清楚就行了，和你也没关系。别垂头丧气的！

李刚：你别站着说话不腰疼。你试试，有俩警察跟在你身后，众目睽睽之下走出楼去，啥滋味？

5. 应了……话（yìngle…huà）

释义：指出某种情况符合某种说法。

（1）小丽告诉宋奇："我们单位的老王生病住院了，需要手术，自己也要负担一笔费用，挺大的。大家知道后，自发捐款，没想到一下子捐了十几万。他这个人一向乐于助人，这不就是应了那句话，好人有好报嘛。"

（2）宋奇：电脑表格我始终也搞不明白，只好交给李刚，他两分钟不到就做好了。

小丽：这就应了那句话，难者不会，会者不难！

6. 不当家不知柴米贵（bù dāngjiā bù zhī cháimǐ guì）

释义：不做管理者不了解管理的艰难。

（1）李刚：还是当老板轻松，大办公室一坐，安排秘书干这干那。

宋奇：你是不当家不知柴米贵。工商、税务还有客户，哪个关系没处理好，这生意都做不下去。把公司交给你，解决这一百多个员工的吃饭问题，你就知道有多难了。

（2）小丽给丈夫解释为什么不同意买车："你不当家不知柴米贵，咱儿子每月的花销你知道是多少吗？我一个月的工资！别忘了，咱们现在还是'房奴'呢，等把房贷还完了，再考虑买车吧。"

7. 恨不得（hènbude）

释义：急切希望（实现某事）。也说"恨不能"。

（1）宋奇：今天儿子表演得怎么样？

小丽：特别好，自然大方，一点儿也不紧张。我当时恨不得冲上台去好好亲亲他。

（2）宋奇：听说面试新人的时候，又让你没面子了？

李刚：没想到这小子外语这么好，说得又快又流利，我根本没反应过来，当时恨不得有个地缝钻进去。

8. 大手大脚（dàshǒu-dàjiǎo）

释义：形容花钱不算计，随意挥霍。

（1）小丽：我今天陪儿子去买玩具，这小子专挑贵的买，我还真有点儿舍不得掏钱了。

宋奇：这不行，得让孩子懂得钱是父母辛辛苦苦赚来的，不能这么大手大脚地花。

（2）宋奇提醒李刚："结婚后你这花钱大手大脚的毛病必须改改了，现在是还房贷，将来要养育子女，没点儿积蓄还行？"

9. 打肿脸充胖子（dǎzhǒng liǎn chōng pàngzi）

释义：比喻本没有什么能耐或没有什么钱财却硬装作有能耐或有钱财的样子。

（1）宋奇：我和李刚商量了，他来帮咱们带一天孩子。正好孩子也愿意和他玩儿。

妻子：他是打肿脸充胖子，他哪会照顾孩子，他自己还需要人照顾呢！

（2）宋奇：上次同学聚会，大家都开上车了，就我还骑个破自行车。

小丽：没面子了，是吗？房贷还没还完呢，再借钱买车，你这不是打肿脸充胖子吗？

10. 于心何忍（yú xīn hé rěn）

释义：反问语气，意思是心里接受不了；不忍心。也说"于心不忍"。

（1）小茹：那些站在路边要钱的多数是骗子，你不能随便掏钱。

李刚：这我也知道。不过想到他们万一是真的丢了钱包，回不了家了，只能露宿街头，我于心不忍啊。

（2）小丽和丈夫宋奇商量为孩子报兴趣班的事，美术班、钢琴班、跆拳道班什么的，小丽一口气说了六七个。宋奇生气道：“你想把咱儿子累死呀？让孩子这么度过童年，你于心何忍？”

11. 瓜子不饱是人心（guāzǐ bù bǎo shì rénxīn）

释义：送人的东西虽少却是情意。

（1）宋奇从老家带回来一些当地特产，他让妻子小丽给大家分分，给朱师傅和李刚他们一些。

小丽：东西这么少，拿不出手吧？

宋奇：瓜子不饱是人心，让大家尝个新鲜。

（2）李刚出差回来，给每位同事带了个小礼物，同事们开玩笑说：“你小子也太小气了，几块钱的东西吧？”李刚笑着说：“不小气不行，现在还欠着宋奇钱呢。瓜子不饱是人心，将来我成了大款再补吧。”

12. 死要面子活受罪（sǐ yào miànzi huó shòuzuì）

释义：为了面子而使自己受苦。

（1）参加完公司举办的新年晚会，妻子小丽感冒了。宋奇一边照顾她，一边批评道：“知道小茹穿裙子，你也要穿！你的身体能和她比吗？死要面子活受罪！”

（2）妻子跟宋奇解释不同意买车的理由：“我知道你想在同学面前挣回面子，可是买了车以后还得养车呢，你没听说买得起车、养不起车呀？养车一笔开销，儿子这里一笔开销，还要还房贷，咱们这点儿工资够吗？生活质量不可能不受影响。你这不是死要面子活受罪吗？”

13. 恭敬不如从命（gōngjìng bùrú cóngmìng）

释义：接受好意，不再客气。

（1）李刚：经理，这个项目太重要了，您让我负责我怕让您失望。

经理：领导们觉得你有这个能力，也是个晋升的机会，好好干，别顾虑太多！

李刚：那我就恭敬不如从命了。

（2）宋奇：这单生意做成了，公司有重奖，到时候我请你吃大餐。

李刚：恭敬不如从命。到时候我肯定狠宰你一顿。

14. 雪中送炭（xuězhōng-sòngtàn）

释义：在下雪天给人送炭取暖。比喻在别人急需时给以物质上或精神上的帮助。

（1）李刚：我刚从饭局上回来，带了点儿吃的给你。

小茹：你是雪中送炭来啦，我正饿得两眼冒金星呢！

（2）小茹一进屋，围在桌前的三个人立刻兴奋起来："小茹，你来得正好，简直是雪中送炭！你看这句话怎么翻译。我们三个人是没辙了。

15. 心安理得（xīn'ān-lǐdé）

释义：自信事情做得合理，心里坦然。

（1）李刚：公司这个月给的奖金不少，我总有点儿受之有愧的感觉。

宋奇：你就心安理得地收着吧，那个大单生意你没少付出，奖励你是应该的。

（2）宋奇和妻子小丽谈子女教育："很多父母就怕委屈了孩子，事事替孩子做，时间长了，孩子就认为这是应该的，心安理得地享受着父母的关爱，毫无感恩之心。"

巩固练习

一、根据课文内容选词填空。

（一）

洒脱　汗马功劳　鸟枪换炮　多愁善感　到位　外快

晓华挣了一笔＿＿＿＿＿＿，终于决定＿＿＿＿＿＿，换了电脑。不过一些配套设备还不能一步＿＿＿＿＿＿。那台老掉牙的电脑为她立下了＿＿＿＿＿＿，让收废品的搬走时，她眼泪差点儿掉下来。刘佳认为，旧的不去，新的不来，批评她＿＿＿＿＿＿，属林黛玉的。她觉得钱财乃是身外之物，生不带来死不带去。人呢，得＿＿＿＿＿＿些。

（二）

于心不忍　勒紧腰带　死要面子活受罪　雪中送炭

买完电脑，晓华这个月的日子恐怕要＿＿＿＿＿＿了。朋友刘佳觉得她太悲催了，＿＿＿＿＿＿，转给她五百块钱。钱虽然不多，瓜子不饱是人心。这对晓华来说也是＿＿＿＿＿＿了，可她还一再推辞。刘佳劝她别＿＿＿＿＿＿了，还是收下吧。

（三）

精打细算　打肿脸充胖子　共勉　天理不容 不当家不知柴米贵　心安理得　大手大脚　恨不得

妈妈知道晓华的情况后急得落泪，非要来看看她。晓华还＿＿＿＿＿＿，

一再向父母保证，不愁吃不愁穿，日子过得挺好的。晓华原来花钱________的，现在才明白，______________。父母为了给子女多留点儿，自己______________，______________一分钱掰成两半花。刘佳感叹，要是不孝敬父母，______________啊！她以后不想再______________地花父母的钱了，两个人______________，钱得算计着花了。

二、根据所设情境用提供的词语表达。

1. 同学将自己的手机淘汰了，买了个新的，还有些不舍和感慨，你开导他："你这个人，就是感情太丰富。旧的不去，新的不来，你的旧手机早都落后了，该买个高级的了。"（多愁善感　老掉牙　鸟枪换炮）
2. 公司奖励你一笔钱，你推辞了一下儿。经理说："你为公司做出了很大贡献，奖励你是应该的。别推辞了，你就安心收下吧！"（汗马功劳　恭敬不如从命　心安理得）
3. 你给妻子买了个生日礼物，妻子心里高兴，嘴上却抱怨你乱花钱。你解释道："上个月报社不是约了个稿吗？给的稿费算是一笔额外收入吧。挣钱不就是为了花吗？别想那么多了。"（外快　洒脱）
4. 丈夫想借钱买车，妻子不同意："你就别装大款啦！开车是有面子，可也像老话说的，为了面子让自己受罪！你不懂管理家庭的难处。咱们家上有老下有小，像你这么花钱，将来还不得挨饿呀？"（打肿脸充胖子　高大上　应了……话　死要面子活受罪　不当家不知柴米贵　大手大脚　喝西北风）
5. 朋友要结婚了，你和丈夫商量送多少礼金。丈夫觉得你给的太少，你说："没办法，是咱家经济条件不允许。咱们现在每个月还房贷、车贷，得节俭过日子，我甚至想一分钱掰成两半花。就这些吧，主要是心意。"（给力　勒紧腰带　恨不得　瓜子不饱是人心）
6. 妻子告诉你，下午她的闺蜜来参观你们新装修的房子了。妻子说："没有直说，但听得出来，觉得咱们的装修不够档次。她是不知道咱们的难处哇，她婆家有的是钱，她两口子可以安心地啃老，咱们怎么能和她比呀？谁不想一次装好，可房贷还没还完呢，哪还有钱装修？”（高大上　站着说话不腰疼　心安理得　到位）

7. 朋友觉得你的电脑太落后了，劝你换新的，你感叹道：“这台电脑确实是旧了，早就应该换了，可是买个新的就得向父母要钱。父母这一辈子不容易，为了供我上学，几乎花光了所有的钱，看着他们每天算计着过日子，我哪张得开口哇？”（老掉牙　更新换代　花血本儿　精打细算　于心不忍）

8. 朋友借给你一笔钱解决困难，你把钱及时还给他并表达感谢：“工程款迟迟没收到，工人们拿不到工资不接受哇，天天堵在门口。那段时间别提多难堪了！好在有你，是你及时帮了忙啊！关键时刻看出什么是真朋友了。平时那些吃吃喝喝的人，发现我遇到麻烦，一下子全不见了，家家让我碰壁。一说起这些真让人心里难受。这不，工程款刚收到，马上给你送来了。”（到位　不干　悲催　雪中送炭　真金不怕火炼　吃闭门羹　不是滋味）

拓展练习

两人一组，根据以下各题的情境和对话提示设计表演内容，尽可能多地使用提示词语及本课学到的新熟语。

1. 小李和小张是同事，两个人在聊小王的变化。

小李：我出国半年，小王的变化也太大了，原来那么算计的一个人，甚至一分钱掰成两半花，什么时候想通了，花起钱来这么大方？

小张：听说他挣了一笔钱，这不，车也换了，还是名牌车。

△提示：精打细算　恨不得　开窍儿　大手大脚　外快　鸟枪换炮

2. 小李和小张是好朋友，小李劝小张换个高档手机。

小李：你怎么还没想明白呀？把你那旧手机扔了吧，买个高档的。做人得想开些。

小张：那我这个月的生活怎么办？挨饿呀？手机重要，吃饭重要？你这个人呢，就是太虚荣！

△提示：开窍儿 老掉牙 鸟枪换炮 洒脱 喝西北风 人是铁饭是钢 死要面子活受罪

3. 小李给小张打电话，说自己和老婆闹别扭了。

小李：我不就是买了个新手机吗？为这么点儿事就和我冷战了。

小张：拿着新手机，你踏实吗？你家什么生活条件我不了解呀？你就别装大款啦！她为了这个家，算计着花钱，你呢，就是一个什么也不管的人！根本不懂她的难处。像你这么花钱，将来还不得挨饿呀？你这叫虚荣！

△提示：鸟枪换炮 鸡毛蒜皮 心安理得 打肿脸充胖子 精打细算 整个一个 甩手掌柜 不当家不知柴米贵 大手大脚 喝西北风 死要面子活受罪

交际提示

当朋友与人攀比，乱花钱的时候，你应该这样提醒他：

1. 不当家不知柴米贵

A. 你呀，不当家不知柴米贵，买这么贵的手机，这个月的日子还过吗？

B. 你是不当家不知柴米贵，你父母辛辛苦苦挣的这点儿钱，都让你一下子花光了。

2. 大手大脚

A. 像你这么大手大脚地花钱，能不成“月光族”吗？

B. 你再这么大手大脚地花钱，我看你到了月底怎么办？

3. 精打细算

A. 买个性价比高点儿的就行了，名牌不名牌的没太大用，过日子得精打细算。

B. 你现在是创业阶段，需要精打细算，别盲目攀比。

4. 打肿脸充胖子

A. 买了汽车每个月还要养车，算上房贷基本就没钱了，还是先骑自行车吧，就别打肿脸充胖子了！

B. 买这么贵的电脑哇！你这是打肿脸充胖子，我看你这个月怎么过！

5. 喝西北风

A. 太贵了，我劝你别买，你想过买完以后的日子吗？不得喝西北风啊？

B. 像你这么花钱，哪个女孩儿敢嫁给你，将来陪着你喝西北风啊？

6. 死要面子活受罪

A. 买了个新手机，生活费没了，然后天天泡方便面，你这不是死要面子活受罪吗？

B. 说好明年买车，今年先赚点儿钱，结果你非要今年买，死要面子活受罪！

第七课 讨价还价

热身

讨论：

1. 你怎么看“讨价还价”？你在中国有过讨价还价的经历吗？
2. 你们国家有可以“讨价还价”的市场吗？跟中国的情况有哪些不同？

交际提示：

1. 当朋友遇到挫折的时候，你怎样鼓励他呢？
2. 朋友因为取得一点儿成绩有点儿得意的时候，你应该怎样提醒他？

课文

（迈克是外国留学生，和赵映辉是朋友。两个人下课后去食堂的路上。）

赵映辉：迈克，我发现你最近特别喜欢打扮，一天一身儿。这有了女朋友就是不一样啊！

迈　克：不是，我最近逛服装市场，淘了不少便宜货。

赵映辉：**不对劲儿**啊，我记得你是最讨厌逛市场的，陪女朋友吧？

迈　克：不，她陪我。

赵映辉：这话可有点儿让我**摸不着头脑**了，太阳从西边出来啦？

迈　克：你不知道，有一次我买了一件T恤，质量好不说，还特别划算[1]。穿上后向我女朋友显摆[2]。你猜怎么着？人家嫌我买贵了，说我不会砍价，总花冤枉钱[3]，还骂我傻了巴叽[4]。

赵映辉：哈哈哈，**别说**，你女朋友中文真不错，这词儿用在你身上合适。

迈　克：自打认识我以后，这样的词儿她用得特别熟练。

赵映辉：去市场买东西不会砍价还行？

迈　克：可不是吗？一气之下，我又到了那个市场，找了一家卖同样T恤的摊子，按我女朋友教的，狠往下砍价。他要五十，我说十块，他不干。最后你猜我多少钱拿下的？

赵映辉：二十？

迈　克：一百块钱八件！我的朋友每人一件，明儿我也给你拿一件。

赵映辉：谢了。不过话说回来，你练习砍价也不用下这么大的本钱吧？

迈　克：你干什么不都得交学费呀？我这叫**不蒸馒头争口气**。人吃亏不要紧，但得长记性，吃一堑，长一智[5]。我们那儿不兴[6]**讨价还价**，到了这儿，咱就入乡随俗嘛。世上无难事，只怕有心人[7]！

赵映辉：你随得倒快。结果如何？

迈　克：功到自然成[8]。最初是女朋友教我砍价，现在我是她老师，青出于蓝而胜于蓝[9]。每天一下课我就到学校对面的市场转悠。小贩一看见我，眼睛全亮起来了！

赵映辉：这是都认识你了。

迈　克：我对他们说，我是老主顾了，咱们可不能**一锤子买卖**，**来日方长**，不要目光短浅……

赵映辉：**敢情**你给人家上中文课去啦？

迈　克：没办法，这不是**习惯成自然**了嘛。也算是**捎带脚儿**练习一下儿口语，一举两得[10]。你没看呢，小贩都被我忽悠[11]晕了。我发现讨价还价也是一门学问，这里面**大有文章**。你得学会以退为进。“不买啦！不买啦！”你一走，小贩肯定叫你。当然你得装得像。这也是一种心理较量。

赵映辉：嗬，还**头头是道**，一套一套的。想不到，**士别三日，当刮目相看**哪！

迈　克：哪里哪里，跟你比我就是**班门弄斧**！

赵映辉：看把你得意的！一说讨价还价，**心里**都**痒痒**吧？

迈　克：的确。原来都是女朋友逼着我逛市场，现在我逼着她，不逛不行。她现在微信的昵称就叫“我不想逛市场”。哎，你瞧我这双皮鞋，八十块钱买下来的，便宜吧？等我和小贩砍完价，旁边有人冲我竖大拇指……

赵映辉：行了，你就别嘚瑟[12]了，**说你胖你还喘上了**！

注释

1. 划算（huásuàn）：付出不多，收获很大；值得。
2. 显摆（xiǎnbai）：显示并夸耀。
3. 花冤枉钱（huā yuānwangqián）：指花了本来不必花的钱。类似的表达方式还有“走冤枉路”“受冤枉气”。
4. 傻了巴叽（shǎlebājī）：形容傻的样子。“单音节形容词 + 了巴叽”含有轻视、厌恶、讥讽之意。类似的表达方式还有“酸了巴叽”“灰了巴叽”“土了巴叽”等。

5. 吃一堑，长一智（chī yí qiàn，zhǎng yí zhì）：经历一次挫折，就增长了一分才智。也说“经一事，长一智”。

6. 兴（xīng）：兴盛；流行。

7. 世上无难事，只怕有心人（shìshàng wú nánshì，zhǐ pà yǒuxīnrén）：鼓励用语，只要用心去做，什么事都能做到。

8. 功到自然成（gōng dào zìrán chéng）：功夫达到了，事情自然成功。

9. 青出于蓝而胜于蓝（qīng chū yú lán ér shèng yú lán）：比喻学生超过老师或后人胜过前人。

10. 一举两得（yìjǔ-liǎngdé）：做一件事，有两种收获。

11. 忽悠（hūyou）：东北方言，以吹捧、吹嘘或夸大的手段欺骗人。

12. 嘚瑟（dèse）：方言。（1）因得意而向人显示，表现自己；（2）乱花钱。

词语例释

1. 不对劲儿（bú duìjìnr）

释义：不正常。也说“不对头”。

（1）宋奇：不对劲儿呀，儿子平时回来活蹦乱跳的，今天怎么这么安静？

小丽：被老师批评了，说他不听话。

（2）宋奇：你不觉得今天李刚哪儿不对劲儿吗？

小茹：好像话有点儿少。一早上班告诉我浑身酸疼，我也没往心里去，一会儿问问他，是不是昨晚着凉了。

2. 摸不着头脑（mō bu zháo tóunǎo）

释义：糊涂，不清楚是怎么回事。可用于歇后语“丈二和尚——摸不着头脑”。

（1）小丽要丈夫的手机。

宋奇：真让人摸不着头脑，怎么突然要我的手机呀？

小丽：你紧张什么？我就是给你买了个手机壳，看看合适不合适而已！

（2）宋奇自言自语。李刚一旁问道："你说什么呢？是不是工作压力太大了，你最近总说一些让人摸不着头脑的话？"

3. 别说（biéshuō）

释义：用在句首，承认原本没想到的或认为是不可思议的事。也说"你别说""还别说""也别说"。

（1）小茹对李刚始终不冷不热的，这让李刚很着急。宋奇给他出主意，让他把小茹晾一段时间。一个星期以后，李刚告诉宋奇："别说，你这招儿挺灵，小茹这星期给我打了两个电话，问我忙什么呢？"

（2）李刚和小茹去宋奇家做客。小茹尝了宋奇做的菜，连声说好，"你别说，宋奇平时不怎么做饭，做出来味道还真不错！"

4. 不蒸馒头争口气（bù zhēng mántou zhēng kǒu qì）

释义：努力做某事，只为证明自己不比别人差。

（1）"我最初并没有想留在这个公司。"小茹告诉李刚，"我来应聘，是宋奇接待的我。他把我当成'花瓶'了，说这份工作不适合我。我说没关系，让我干一个月，一个月以后我自己走人。我偏要干好给他看。这叫不蒸馒头争口气。这不，一直干到现在。"

（2）小茹：这份计划书你比宋奇还下功夫，难道真想和他争一争部门经理的位置？

李刚：这和当经理没关系，我是不蒸馒头争口气，我要让领导看看，我能力不比宋奇差！

5. 讨价还价（tǎojià-huánjià）

释义：（1）做生意时卖方提出价格，叫“讨价”，买方压低价格，叫“还价”。
（2）比喻接受工作或举行谈判时提出各种条件，多方计较。

（1）小丽告诉丈夫：“我现在更愿意去超市买菜。在街边小贩那儿买吧，太累人。几毛钱的事，要费半天口舌；可你不跟他讨价还价吧，又觉得吃亏。”

（2）李刚：我发现最近嫂子对你的态度好多了。
宋奇：自从她炒股赔钱后，就对我好多了，干家务活儿也不跟我讨价还价了。

6. 一锤子买卖（yì chuízi mǎimai）

释义：一次性的交易或合作，而不考虑将来的关系。贬义。

（1）宋奇一家三口去外地旅游，到了中午决定吃点儿东西。
宋奇：就在附近吃点儿算了，何必坐车进城里呢？
小丽：景点附近的小饭店接待的都是游客，往往是一锤子买卖，性价比肯定比城里差。

（2）李刚：你没把价格压一压？现在他可是求着咱们呢？
宋奇：老客户了，不能做一锤子买卖，以后还要合作呢。

7. 来日方长（láirì-fāngcháng）

释义：未来的日子长着呢，还有机会。

（1）小丽：朱师傅帮咱儿子找到这么好的幼儿园，咱们是不是去看看老两口儿？总得说声谢谢吧？
宋奇：来日方长，咱们和他家又不是相处这一天两天，过段时间咱两家聚一聚。

（2）李刚：这单生意咱们没赚多少钱，白忙了几天。

宋奇：这是咱们老客户，平时对咱们帮助很大。别想着一锤子买卖，来日方长。

8. 敢情（gǎnqing）

释义： 方言。（1）表示发现原来没有发现的情况，同"原来"。（2）表示情理明显，不必怀疑，同"当然"。

（1）宋奇：你知道这个地方在哪儿吗？

李刚：简单，我上网查一下儿。

宋奇：嘿，敢情你也不知道哇！

（2）宋奇：咱们正和成信公司谈合作呢。

李刚：那敢情好哇！强强联合呀！

9. 习惯成自然（xíguàn chéng zìrán）

释义： 养成习惯以后就变成很自然的事情了。

（1）宋奇每晚都要喝一杯，习惯成自然，到了晚饭时，他望着满桌的好菜说："酒呢，没酒这饭怎么吃呀？"

（2）李刚到宋奇家做客，刚一进门，宋奇的儿子从里间冲出来，嘴里喊着："李刚叔叔你来了？今天有什么礼物？"宋奇笑着对李刚道："你看你，每次来都给他买东西，习惯成自然了，只要你一来就知道有礼物。"

10. 捎带脚儿（shāodàijiǎor）

释义： 顺便。

（1）宋奇对李刚说："你一会儿上街的时候，如果路过药店，捎带脚儿帮我买个药。我把药名给你写下来。"

（2）宋奇出门上班，妻子让他捎带脚儿把垃圾扔了。

11. 大有文章（dà yǒu wénzhāng）

释义：有很多内容，不简单。

（1）小丽：钱存在银行有点儿亏，咱也学别人搞投资理财吧？
宋奇：投资理财可不是一件简单的事，这里面大有文章，不把对方的资质搞清楚，钱可能就收不回来了。

（2）李刚请教宋奇："我妈要来看看未来的儿媳，我还真有点儿紧张。我知道处理婆媳关系也是一门学问，其中大有文章，你这个过来人能给我提供点儿经验吗？"

12. 头头是道（tóutóu-shìdào）

释义：形容说话或做事有条理。

（1）宋奇：我不是给了李刚一本菜谱吗？他现在炒菜的水平怎么样了？
小茹：理论行，说起美食来头头是道的；操作不行，炒的菜还是没法吃。

（2）小丽告诉丈夫宋奇："现在的孩子，真是不得了，什么都懂。今天儿子跟我聊了一路，强调了一下儿他有参与家里事务决策的权利，说得头头是道的，我都没法反驳。"

13. 士别三日，当刮目相看（shì bié sān rì, dāng guāmù-xiāngkàn）

释义：意思是一个人过了很久进步很大，要用新的眼光来看待他。

（1）周末，几家人聚餐，李刚一边把自己炒的菜端上桌，一边邀请大家："来来来，尝尝我的手艺。"大家尝后都竖起大拇指说："味道真不错！士别三日，当刮目相看哪！"

（2）儿子弹了一个曲子，出差回来的宋奇竖起大拇指夸赞："行，儿子，不错，进步不小，士别三日，当刮目相看！"

14. 班门弄斧（bānmén-nòngfǔ）

释义：比喻在行家面前表现本领。

（1）经理：小李你这个方案确实不错，意见提得很好！

小李：让您见笑了，在您这个专家面前我这是班门弄斧了。

（2）李刚：你的英语发音肯定不对。

宋奇：你可别班门弄斧了，小茹在这儿呢，她是权威。小茹，你说，我俩谁发音正确？

15. 心里痒痒（xīnlǐ yǎngyang）

释义：想做某事。同样的表达形式还有"手痒痒""脚痒痒""嘴痒痒""嗓子痒痒"等。

（1）小丽反对丈夫宋奇买车："我知道，李刚一买车，你心里也痒痒了，可咱们和他不一样，咱们有儿子了，孩子的教育是第一位的。"

（2）宋奇：下了班咱们下两盘棋再回家吧。

李刚：你这是手痒痒了吧？行，没问题。

16. 说你胖你还喘上了（shuō nǐ pàng nǐ hái chuǎnshang le）

释义：意思是受到表扬后表现得更骄傲了。

（1）小丽把儿子在幼儿园做的手工拿给丈夫看。

宋奇：不错，我得夸他两句，好孩子是夸出来的。

小丽：算了吧，咱儿子不经夸，你说他胖他马上喘，下回肯定给你做得乱七八糟！

（2）宋奇为公司完成一大单生意，公司给了他一笔数额不小的奖励。妻子小丽很高兴，夸丈夫有能力。

宋奇：那当然，不出半年，部门经理就是我了。

小丽：嘿，说你胖你还喘上了！

巩固练习

一、根据课文内容选词填空。

（一）

显摆　傻了巴叽　吃一堑，长一智
花了冤枉钱　不蒸馒头争口气　青出于蓝而胜于蓝　刮目相看

迈克以前买东西不知道砍价，有一次买了件T恤，觉得不错，向女朋友__________，结果女朋友说他__________，骂他__________。他一气之下，又去市场找了个卖同样T恤的摊子，按照女朋友教的练习砍价，一下子买了八件T恤，他说这叫__________。他觉得人吃亏不要紧，但得长记性，__________嘛。还别说，如今他讨价还价的能力确实是__________，连女朋友都对他__________了。

（二）

一举两得　头头是道　忽悠　习惯成自然　心痒痒　捎带脚儿

迈克购物上瘾了，说到讨价还价__________的。每天一下课就去市场转悠，已经__________了，不买点儿什么__________。小贩们都被他__________晕了。当然他这也是__________练习一下儿中文，__________。

二、根据所设情境用提供的词语表达。

1. 同事说应该让你丈夫去市场买东西，你回答："算了吧，市场买东西很复杂！他傻

乎乎的，哪会讲价钱哪？小贩一夸他，他就晕了，总白花钱！”（大有文章 傻了巴叽 讨价还价 忽悠 花冤枉钱）

2. 从商店里出来，丈夫跟妻子抱怨：“你是不是以为什么地方都可以讲价钱？我看你是习惯了！”（兴 讨价还价 习惯成自然）

3. 你作为经理跟员工们开会讲经营原则：“别只想着自己有利就行，也得照顾客户的利益。不能只想着就赚这一次，这不是经商之道。要想到将来，不要只看现在。这是咱们公司的规矩，大家共同努力吧！”（划算 一锤子买卖 来日方长 共勉）

4. 你向朋友讲自己学会踢毽儿的经过：“单位要举办踢毽儿比赛，我也不会踢呀。只好每天早起练习。结果上瘾了，见到毽儿要是不踢两下儿，脚都不舒服。没想到练习真见到了效果。我现在不仅踢毽儿的功夫大有长进，还顺便锻炼了身体。”（脚痒痒 别说 功到自然成 捎带脚儿 一举两得）

5. 你回到家告诉爱人：“一早上班就觉得大家的眼神有点儿不正常，还有人冲我竖大拇指，说没看出来呀！我一时不明白，这是哪儿跟哪儿啊？原来是我昨天从水里救出来的孩子的家长，一早赶到公司等着感谢我呢。”（不对劲儿 士别三日，当刮目相看 摸不着头脑 敢情）

6. 你跟着师傅学习工艺品制作，学了一段时间后，你自以为学会了，就有些骄傲，想和师傅比一比。过后你回到家跟父亲谈感受：“和师傅一比，我的作品太粗糙了。我当时就向师傅保证，跟着师傅好好学。世上没有办不到的事，我相信努力一定能成功。以后还有机会，我一定要超过师傅！”（世上无难事，只怕有心人 功到自然成 来日方长 青出于蓝而胜于蓝）

7. 你向新来的同事讲职场的注意事项。对方一直称你为老师，你表现得有点儿得意。朋友过后提醒你：“你就别高兴啦！夸奖你两句你还骄傲了，一见到新人，你就自以为是，忍不住表现自己。不说两句，你嘴不舒服，是不是？人家叫你老师，那是客气！他是从大公司转过来的，说起职场规矩明明白白的，你还傻乎乎给人家当老师，这不是在行家面前卖弄本事吗？”（说你胖你还喘上了 显摆 习惯成自然 嘴痒痒 头头是道 傻了巴叽 班门弄斧）

8. 你向朋友诉说炒股失败的教训:“看人家炒股赚钱了，我也心动了，心想与其把钱存在银行吃利息，不如炒股赚钱呢，于是也跟着人家学炒股。开始运气还不错，还真小赚了一笔，结果就大意了，一下子投入了一大笔钱，没想到股市突然不景气了，资金全都套牢了。都说股市有风险，投资需谨慎，接受教训吧，以后我可不冒这个险了，我那点儿积蓄哪经得住这么花呀！”（心里痒痒　划算　别说　吃一堑，长一智　嘚瑟）

拓展练习

两人一组，根据以下各题的情境和对话提示设计表演内容，尽可能多地使用提示词语及本课学到的新熟语。

1. 赵映辉遇到留学生迈克，两个人是好朋友，见面总开玩笑。

赵映辉：迈克，不正常啊，干吗西装革履的来上课？我都不认识了。

迈　克：你们助教病了，让我代两天课。

赵映辉：嘿，原来成了“迈老师”啦，佩服哇！没想到，穿上这身还真有个老师的样子了。

迈　克：干什么就要像什么。中国人不是讲究师道尊严吗？此乃入乡随俗也！

赵映辉：嘿，你还来劲了！你就显摆吧！

△提示：不对劲儿　摸不着头脑　敢情　士别三日，当刮目相看　别说　说你胖你还喘上了　嘚瑟

2. 老李面试完新人后有点儿沮丧，与老张聊面试过程。

老　李：面试新人我是第一次，哪知道这里面也不简单，双方也是一种

心理较量。其实我平时外语也还凑合，可没想到关键时刻不行了。不过，继续努力，以后还有机会，我一定把外语学好，将来有机会再和他比一比。争回面子嘛！

老　张：吸取教训吧，别再犯傻跟这些刚毕业的年轻人比外语了。后辈更厉害，现在年轻人的外语都比咱们那一代强。

△提示：大有文章　节骨眼儿　掉链子　世上无难事，只怕有心人　来日方长　不蒸馒头争口气　吃一堑，长一智　傻了巴叽　青出于蓝而胜于蓝

3. 迈克向赵映辉展示自己在路边小摊淘的便宜货。

赵映辉：行了，你就别让人看了，傻乎乎地又白花钱了。你得砍价呀！我买的话一半价钱都用不了！

迈　克：嘿，我还以为挺值的，原来我是被小贩夸晕了！唉，我们那儿也不讲究这些呀，哪知道这里面也有学问呢！

△提示：显摆　傻了巴叽　花冤枉钱　划算　敌情　忽悠　兴　讨价还价　大有文章

交际提示

一、当朋友遇到挫折的时候，你可以这样鼓励他：

1. 不蒸馒头争口气

A. 我相信你一定能干好这个工作，不蒸馒头争口气，让大家看看你的能力！

B. 不蒸馒头争口气，这活儿你一定要接过来，别让他们看不起你。

2. 吃一堑，长一智

A. 干事业哪有一帆风顺的？吃一堑，长一智，记住失败是成功之母。

B. 这个工作不能放弃，吃一堑，长一智，总结教训，接着干。

3. 世上无难事，只怕有心人

A. 世上无难事，只怕有心人，别人能干这个工作，你怎么不能干？不会就学嘛。

B. 世上无难事，只怕有心人，只要你认真去做，没有干不了的事。

4. 功到自然成

A. 做事不能急于求成，得下功夫学，记住功到自然成。

B. 功到自然成，我相信你这么努力肯定会成功的。

5. 来日方长

A. 急什么呀？来日方长，有你发挥的机会。

B. 你还年轻，来日方长，你也会成为大师的。

二、朋友因为取得一点儿成绩有点儿得意的时候，你可以这样提醒他：

1. 班门弄斧

A. 人家是专家，你还教人家怎么做，你这不是班门弄斧吗？

B. 他是从大公司出来的，比你有经验，你就别班门弄斧了！

2. 说你胖你还喘上了

A. 说你胖你还喘上了，人家喊你一声老师，那是客气！

B. 说你胖你还喘上了，真以为自己是专家呢？

第八课　别时容易见时难

热身

讨论：

1. 人生中有各种各样的离别，比如与好朋友分别，你是怎么看待离别的？
2. 人生有很多需要选择的重要时刻，对于错失的机会你怎么看？

交际提示：

1. 当朋友生活中遇到一时解决不了的事情时，你怎样劝解他？
2. 和相处几年的朋友分开的时候，你知道怎么表达离别之情吗？

课文

（刘佳和晓华在刘佳的住处。）

晓　华：时间过得真快呀，不知不觉就毕业了。想想大家从此**天各一方**，心里还真有点儿不是滋味。

刘　佳：你就别煽情[1]了，再说下去我眼泪都掉下来了。天下没有不散的筵席[2]。还是说说你的工作怎么样吧？

晓　华：我实习的那家出版社留我了。从编辑助理做起，先给人**跑龙套**。等到升职恐怕也要**猴年马月**了。

刘　佳：先干着吧，有个工作不容易，**骑马找马**吧。

晓　华：现在工作怎么那么难找哇？想找个好工作比登天还难。为了找工作，大家可以说是**八仙过海，各显其能**。

刘　佳：有什么办法，都想留在北京。你就说我上次应聘的那个学校，一共两个职位，好家伙，一下子去了三十多人。我本来就专业不对口，一看这阵势，走人吧，别在那儿丢人现眼[3]啦！

晓　华：那你有什么打算？

刘　佳：回老家又不甘心。我想去南方看看，**走一步算一步**吧，反正**车到山前必有路**。

晓　华：**还说呢**，咱们外教临走时聘你做助理，你怎么不答应啊？

刘　佳：你就别**哪壶不开提哪壶**了！早知今日，悔不当初[4]，我现在肠子都悔青了。当时**心高气傲**，总觉得天生我材必有用[5]，不想满世界东跑西颠，结果**聪明反被聪明误**，到现在一个工作也没找到。

晓　华：那你没再和她联系一下儿？

刘　佳：人有脸，树有皮[6]，我哪好意思呀？再说，**好马不吃回头草**。

晓　华：人呢，难得糊涂[7]。我还是做个傻姑娘吧，傻人有傻福。

刘　佳：看把你美的！我和男朋友分手了，你和李思明倒成了。哎，他最近来的次数可是少了。谈恋爱的都是一日不见，如隔三秋[8]，他都几天没来啦？

晓 华：他不是有工作嘛。刚换了一家公司，老板对他挺重视的，他很忙，既要研发新产品，还要培训工人。不过我们每天晚上都视频一次。

刘 佳：毕业后你俩怎么打算的？

晓 华：我跟其他人一样啊，没什么打算，随大溜儿呗，大学毕业找工作，贷款买房，领证结婚，生儿育女，给父母养老送终，把儿女养大成人，忙忙碌碌又平平淡淡，**按部就班**，完成人生所有大事。

刘 佳：享受平淡也是一种境界呀！这段时间挺让人感慨的，咱俩性格不同，经历也不一样。从你这里也让我体会到，对生活真不能抱太高的要求，婚姻和事业，你说哪样不是如此？

晓 华：都说毕业季也是分手季，没想到你跟男朋友也是这个结局。就没有挽回的余地了？

刘 佳：算了吧，**强扭的瓜不甜**。我和他也不是因为一次吵架分的手，**冰冻三尺，非一日之寒**，早就觉得彼此不合适了。在一起感觉不到甜蜜，反而觉得是负担，还不如好合好散呢。从此，**他走他的阳关道，我走我的独木桥**吧。

晓 华：要是这样的话分了也好，省得将来结婚了还得离婚。无所谓，你也别难受了，**大不了**再找呗，天涯何处无芳草[9]，没必要**一棵树上吊死**。离校的时候我送你。

刘 佳：算了，送君千里，终须一别[10]。

晓 华：别时容易见时难，我还是送送你吧。

刘 佳：人生何处不相逢？这个世界说大就大，说小就小，谁知哪天咱们又走到一起去了。**山不转水转**嘛。

注释

1. 煽情（shānqíng）：刺激人，使人情感产生波动。
2. 天下没有不散的筵席（tiānxià méiyǒu bú sàn de yánxí）：世界上没有不散的聚会。比喻大家相聚是一时的，最终肯定是要分开的。
3. 丢人现眼（diūrén xiànyǎn）：丢脸，出丑。
4. 早知今日，悔不当初（zǎo zhī jīnrì，huǐbùdāngchū）：为现在的结果而后悔，觉得自己开始的时候不应该那么做。也说“早知今日，何必当初”。
5. 天生我材必有用（tiān shēng wǒ cái bì yǒu yòng）：自信有才，必有用武之地。
6. 人有脸，树有皮（rén yǒu liǎn，shù yǒu pí）：人讲究脸面，有自尊。
7. 难得糊涂（nándé hútu）：做人糊涂点儿反而会觉得活得很幸福，也就是说糊涂很可贵。
8. 一日不见，如隔三秋（yí rì bú jiàn，rú gé sān qiū）：一天不见，就好像过了三年。形容思念的心情非常迫切。
9. 天涯何处无芳草（tiānyá hé chù wú fāng cǎo）：出自古诗词，世上可以爱的人或值得爱的人很多。多用于告诫男女在爱情方面要想得开，没必要死守一方。
10. 送君千里，终须一别（sòng jūn qiān lǐ，zhōng xū yì bié）：用于送别，意思是送得再远总是要分别的。送人者和被送者都可以用此语，表示停止送行。

词语例释

1. 天各一方（tiāngèyìfāng）

释义：指彼此离得很远，很难相见。

（1）宋奇和初恋女友分手是在大学毕业那年，当时女友去了南方。十年过去了，两人天各一方，再也没有见面。

（2）宋奇：你和哥哥怎么不同姓啊？

李刚：我们俩是同母异父。他早年随他父亲去了国外，从此和我母亲天各一方。这次回来就是专门来看我母亲的。

2. 跑龙套（pǎo lóngtào）

释义：比喻在人手下做一些不重要的事。

（1）宋奇鼓励新人："谁刚参加工作的时候都得从跑龙套干起，这是一个积累经验、培养能力的过程。现在就把一副重担压给你，对你也不公平啊！"

（2）李刚告诉大家："我刚来公司的时候，是跟着宋奇跑龙套，我现在和客户打交道这点儿经验都是从他那儿学来的。"

3. 猴年马月（hóunián-mǎyuè）

释义：指不可知的年月，意思是某事永远不可能实现。也说"驴年马月"。

（1）当初宋奇把找幼儿园的事拜托给老朱去办，妻子小丽埋怨他："你看你求这人！你也知道他是个糊涂人，等到他想起来去办都猴年马月了。"

（2）小茹劝李刚："有些工作你不要太依赖宋奇了，该自己拿主意的事就不能犹豫，否则你猴年马月都升不了职。"

4. 骑马找马（qímǎ-zhǎomǎ）

释义：比喻一边用着现有的，一边找更好的。

（1）宋奇告诉李刚："我刚来这里的时候，对咱们公司也不是太满意，觉得规模太小，当时想的是骑马找马，没想到一'骑'十多年，也亲眼见证了咱们公司的发展壮大。"

（2）李刚帮新人找了一个住处，看出新人对房间不太满意，李刚安慰他："先住下来，咱们骑马找马，我再帮你找合适的。"

5. 八仙过海，各显其能（bāxiān-guòhǎi，gèxiǎn-qínéng）

释义：比喻大家各有办法或各显本事，互相竞赛。

（1）李刚让宋奇介绍恋爱经验。宋奇说："这事只能是八仙过海，各显其能。咱俩性格不同，方法也不一样。你们讲究的是爱情，我和你嫂子，那叫婚姻。"

（2）经理通知大家："这次春游要举办晚会，给大家一个展示才艺的机会。大家八仙过海，各显其能，想跳舞就跳舞，想唱歌就唱歌。"

6. 走一步算一步（zǒu yí bù suàn yí bù）

释义：现在不考虑未来，随着事情的发展来决定怎样处理。也说"走一步是一步""走到哪儿算哪儿"。

（1）李刚负责公司春游的事，宋奇提醒他："一切要提前计划好，在哪儿吃，在哪儿住，几点坐车，都得考虑到，不能走一步算一步，上百人出游，出点儿差错，整个春游就全砸了。"

（2）小丽关心小茹的婚事，问她和李刚处得怎么样。小茹叹了口气道："走一步算一步，凡事随缘吧。"

7. 车到山前必有路（chē dào shān qián bì yǒu lù）

释义：比喻事到临头，总会有解决的办法。多用于安慰人。也说"船到桥头自然直"。

（1）中考前，亚茹一直担心儿子的上学问题，没想到车到山前必有路，中考刚结束，儿子作为特长生就被重点中学提前录取了。

（2）小丽为孩子上学的事操心，丈夫宋奇安慰她："不是还有两年时间吗？你着什么急呀？车到山前必有路，两年以后说不定咱们社区就建学校了。"

8. 还说呢（háishuōne）

释义：插入语，对方的话使自己想起不满意的事（既可能是对对方表示不满，也可能是对他人表示不满）。

（1）李刚请客，宋奇迟到。

李刚：怎么回事？

宋奇：还说呢，都怪你没说清。这家饭店是连锁店，我去了咱们公司附近的那家店，一问没你，才想到你订的是这家店。

（2）宋奇：这么重要的会议，你今天没参加，怎么回事？

李刚：还说呢，一路净堵车了。眼看要到了，公交车又抛锚了，等我走过来会议也结束了。

9. 哪壶不开提哪壶（nǎ hú bù kāi tí nǎ hú）

释义：专门提别人不愿意提的事情。

（1）公司聚会，宋奇提醒妻子："老徐没孩子，这是他的心病。所以你千万别哪壶不开提哪壶，跟他聊孩子的话题。"

（2）小丽：小茹早年在你们公司的感情经历，李刚知道吗？

宋奇：你可别哪壶不开提哪壶！小茹最怕提这段经历，公司里没人议论这个话题。

10. 心高气傲（xīngāo-qì'ào）

释义：志向高远，看不起普通的人或事。

（1）宋奇：昨天小茹冤枉你了，有没有跟你赔不是？

李刚：她那个人心高气傲的，从来就不认识"对不起"这三个字！

（2）老伴儿提醒老朱："儿子年轻，心高气傲，不懂得求人，这样做不了生意，所以有时还得你出面。"

11. 聪明反被聪明误（cōngmíng fǎn bèi cōngmíng wù）

释义：因为聪明而过于自信，结果遭遇失败或打击。

（1）李刚向宋奇借钱，宋奇问怎么回事。李刚说："我是聪明反被聪明误。在女朋友家吹牛，说自己炒股有两下子。她妈就给了我一笔钱，让我帮着炒股。现在赔了，我也不敢告诉她呀，我得把钱给她补上啊！"

（2）小丽买了件大衣，花了580元，她担心婆婆说她乱花钱，就说买的打折的，只要80元。谁知聪明反被聪明误，婆婆一听马上掏出80元钱，说："快去给我也买一件。"

12. 好马不吃回头草（hǎo mǎ bù chī huítóucǎo）

释义：比喻有志气的人立志以后即使遇到挫折也不会走回头路。

（1）宋奇：看完房子了？满意吗？

李刚：唉，我跟房主说，还想再看两家，做个比较，没想到房主生气了，说我再回去他就提高房价。我也没客气，告诉他，好马不吃回头草，房子不要了！

（2）宋奇：听说你前女友又回来找你了？

李刚：算了吧，好马不吃回头草，我给拒绝了。

13. 按部就班（ànbù-jiùbān）

释义：做事按照一定的条理，遵循一定的程序。现在也有贬义用法，指按惯例行事，没有变化。

（1）宋奇：事情进展得是否顺利？

李刚：一切都按部就班地进行中。你制订的计划周到详尽，没有任何意外。

（2）小王本来以为办公室的工作挺轻松，风吹不着雨打不着的。可干了两个月他就受不了了。每天就是打打电脑，看看文件。这种朝九晚五、按部就班的工作太枯燥了，有时憋得他要发疯。所以他决定辞职。

14. 强扭的瓜不甜（qiáng niǔ de guā bù tián）

释义： 比喻条件不成熟而勉强去做，往往不会有满意的结果。

（1）李刚：和成信公司合作的事谈得怎么样了？

宋奇：对方合作的意愿不太强烈。这事勉强不得，强扭的瓜不甜。

（2）周六宋奇陪妻子去逛商店，路上妻子说："你要是自愿陪我，我当然高兴；你要是不愿意逛的话，现在就回去。强扭的瓜不甜，我可不想你每次都别别扭扭，一路跟我吵着架回来。"

15. 冰冻三尺，非一日之寒（bīng dòng sān chǐ，fēi yí rì zhī hán）

释义： 比喻事物变化达到某种程度，是日积月累、逐渐形成的。

（1）宋奇：咱邻居老马有日子没见了，刚才遇到他儿子，一问才知道，查出肺癌住院了。看上去挺健康一个人，怎么会突然得这病呢？

小丽：冰冻三尺，非一日之寒。像他那么抽烟，一天两包，能不得病吗？

（2）李刚：大陈离婚了，你听说了吗？

宋奇：冰冻三尺，非一日之寒。大陈这个人呢，小心眼儿，经常和妻子冷战，有时能一个月不说话，谁受得了哇！妻子也是寒心了。

16. 你（他／她）走你（他／她）的阳关道，我走我的独木桥 [nǐ（tā/tā）zǒu nǐ（tā/tā）de yángguāndào，wǒ zǒu wǒ de dúmùqiáo]

释义： 意思是各走各的人生道路，不相往来，不相干涉。

（1）离婚后，小王对朋友说："我跟他以后就是他走他的阳关道，我走我的独木桥了。再也不用吵架过日子，轻松多了！"

（2）李刚告诉宋奇，上大学时他交了一个女朋友，临毕业时分手了。“她父母坚持让她出国留学，而我不得不工作，两个人也没有信心彼此等待。所以，最后只能她走她的阳关道，我走我的独木桥了。”

17. 大不了（dàbuliǎo）

释义：指出最严重的情况（但说者对这种严重情况并不在意）。

（1）宋奇借李刚的笔记本电脑回家写计划书，妻子小丽看了电脑说：“这可是最新款，特别贵。你弄坏了怎么办？”宋奇说：“没事，大不了买一台新的赔李刚呗。”

（2）宋奇：小胡的计划你今天没少挑毛病，将来他当上部门经理，你不怕他跟你过不去？

李刚：无所谓，大不了辞职不干了！

18. 一棵树上吊死（yì kē shù shang diào sǐ）

释义：处事不灵活，只依托着一件事物或一个人而不加改变。

（1）李刚告诉宋奇：“我这辈子就在小茹这一棵树上吊死了，她要是跟别人结婚了，我就打一辈子光棍儿。”

（2）宋奇空手从外面回来，告诉妻子，楼下超市的鸡蛋卖完了。小丽生气道：“你怎么就在一棵树上吊死呀？你就不会去街对面的农贸市场买吗？”

19. 山不转水转（shān bú zhuàn shuǐ zhuàn）

释义：形容世事不断变化，人与人有可能再相遇或双方的地位、关系发生巨大变化。

（1）部门经理确定是宋奇了，小胡生气辞职，临走留下一句话：“山不转水转，说不定哪天你们也会求到我的门下！”

（2）李刚：宋奇是经理了，面试新人应该他去，可他非要让我去。你知道为什么吗？

小茹：我问宋奇了，新人是宋奇的前女友，他去不合适。他们都十年没见面了，没想到山不转水转，两个人又转到一个公司来了。

巩固练习

一、根据课文内容选词填空。

（一）

车到山前必有路　人有脸，树有皮　八仙过海，各显其能 天生我材必有用　聪明反被聪明误　好马不吃回头草　骑马找马　跑龙套

为了找工作，大家可以说是＿＿＿＿＿＿＿。晓华要求不高，在一家出版社找到了工作，给人＿＿＿＿＿＿＿。对这种按部就班的工作虽然不太满意，但她决定先干着，＿＿＿＿＿＿＿吧。而刘佳呢，至今还“漂”着呢。本来外教想聘她做助理，可她当时心高气傲，觉得＿＿＿＿＿＿＿，没同意，结果＿＿＿＿＿＿＿，到现在也没找到工作。这事让她肠子都悔青了。可是＿＿＿＿＿＿＿，她又不好意思再去找那个外教了。再说，＿＿＿＿＿＿＿呢。至于今后，她想走一步算一步，反正＿＿＿＿＿＿＿。

（二）

一棵树上吊死　强扭的瓜不甜　一日不见，如隔三秋 冰冻三尺，非一日之寒　大不了　他走他的阳关道，我走我的独木桥

我和他也不是因为一次吵架分的手，＿＿＿＿＿＿＿，早就觉得彼此不合

适了。不想挽回了，______________。从此，______________吧。无所谓，__________________再找呗，天涯何处无芳草，何必要______________呢？倒是你和李思明的关系，还是抓紧点儿好。他最近来的次数可是少了。谈恋爱的都是______________，他都几天没来啦？

二、根据所设情景用提供的词语表达。

1. 你与共事多年的朋友要分开了，她很伤感，你劝她："你再感伤我都要哭了，你这个人，就是感情太丰富。再说一切都在变，人这一辈子哪儿不能再见面？"（煽情　多愁善感　山不转水转　人生何处不相逢）

2. 好朋友送你远行，你说："从此离得远了，见面不容易，再见面还不知道什么时候呢！没办法，大家早晚得分开。别送了，越送我这心里越难受。"（天各一方　别时容易见时难　猴年马月　天下没有不散的筵席　送君千里，终须一别　不是滋味）

3. 你对同学说："大家为了写论文，可以说是想方设法，只有你还在玩儿游戏。你是聪明，可我怕你反受其害。要是论文答辩通不过的话那可就没面子了。"（八仙过海，各显其能　聪明反被聪明误　丢人现眼）

4. 朋友问你工作怎么样，这引起你的感叹："你就别提这事了，这种一成不变的工作简直让人发疯！我很后悔当初的选择，当初我还以为这个工作挺有意思呢。现在想换个工作比登天还难，只能一边干着，一边再找吧。"（还说呢　哪壶不开提哪壶　按部就班　抓狂　早知今日，悔不当初　骑马找马）

5. 辞职后还没找到工作，朋友劝你回原来的公司，你拒绝说："还回去不被重用啊？我才不回去呢！不能走回头路，再说人都要面子，回去不丢面子呀？哪儿找不到工作呀？有能力还怕找不到工作？何必只依靠它一家公司呢！等等再说，总会有出路的。顶多在家闲几个月呗。"（跑龙套　好马不吃回头草　人有脸，树有皮　丢人现眼　天生我材必有用　一棵树上吊死　走一步算一步　车到山前必有路　大不了　宅）

6. 同事得了重病，你和家人感叹：“都是日积月累的呀！他这个人就是太较真儿了，经常为一些小事和人争吵。中医讲气大伤身哪。以后哇，不是什么原则的事还是别计较吧，糊涂点儿好。”（冰冻三尺，非一日之寒　鸡毛蒜皮　应了……话　睁一只眼闭一只眼　难得糊涂）

7. 同学问你：“小李学习那么好，为什么现在还没有找到工作？”你告诉同学：“本来有一家大公司要他，他要求高，想在待遇上讲条件，对工作百般挑剔。结果就像人们说的，被自己的聪明害了，人家聘了别人。人都讲究脸面，他现在也不好意思再去找人家了。还说什么不走回头路，你说这不是跟自己过不去吗？”（还说呢　心高气傲　讨价还价　应了……话　聪明反被聪明误　人有脸，树有皮　好马不吃回头草　死要面子活受罪）

8. 和女友分手了，朋友关心地问你还有没有挽回的余地。你叹道：“不行了，分了，勉强维持已经没有意义。走到今天这一步，也不是因为这一次吵架。我也想开了，做人得放开点儿，再找呗，哪儿找不到爱情啊？没必要守着她一个人吧。”（她走她的阳关道，我走我的独木桥　强扭的瓜不甜　冰冻三尺，非一日之寒　洒脱　大不了　天涯何处无芳草　一棵树上吊死）

拓展练习

两人一组，根据以下各题的情境和对话提示设计表演内容，尽可能多地使用提示词语及本课学到的新熟语。

1. 小李和小王是大学同学，大四最后一学期了，小李发愁。

小李：我现在挺为难的。留在这里吧，找不到工作；要去外地吧，就得和女朋友分开。

小王：恋人恨不得天天在一起，你俩受得了相思之苦吗？

小李：唉，还有半年呢，先不想这事了，以后再说吧，总会想出办法的。

△提示：猴年马月　天各一方　一日不见，如隔三秋　来日方长　走一步算一步　车到山前必有路

2. 小李和小王大学毕业，二人话别。

小李：你这一走，咱俩从此离得远了，再见面不知什么时候了，我这心里还真不舒服。

小王：你就别说这些话了，再好的朋友也得分开呀。再说，谁知哪天咱们又见面了。

△提示：天各一方　猴年马月　不是滋味　煽情　天下没有不散的筵席　人生何处不相逢　山不转水转

3. 毕业多年后，小王和小李再次见面，两人聊天儿。

小王：没想到，最后你们俩还是分手了。多好的女孩子呀，上哪儿去找哇？你呀，太骄傲，性格害了你！一切都有可能，没再找找她吗？

小李：你就别提这事了，我现在也后悔呀！算了吧，不找了，不行就打一辈子光棍儿呗。

△提示：打着灯笼也难找　心高气傲　山不转水转　哪壶不开提哪壶　早知今日，悔不当初　好马不吃回头草　大不了

交际提示

一、当朋友生活中遇到一时解决不了的事情时，你可以这样劝解他：

1. 骑马找马

A. 现在房子不好租，先住下来，骑马找马吧，将来遇到好的，再换一个。

B. 这家幼儿园是有点儿远，先让孩子进去吧，然后再骑马找马呗。

2. 走一步算一步

A. 走一步算一步吧，现在没必要考虑那么多，真到了那儿，说不定事情顺利解决了。

B. 该吃就吃，该睡就睡，明天的事情明天做，走一步算一步。

3. 车到山前必有路

A. 放心吧，车到山前必有路，你肯定能找到一个满意的工作。

B. 怕什么呀？车到山前必有路，不是还有警察呢吗？别忘了，有困难找警察呀！

4. 大不了

A. 丢了就丢了吧，大不了再买一个呗，你也该换个新手机了。

B. 得罪老板也无所谓，大不了辞职不干了。

二、和相处几年的朋友分开的时候，你可以这样表达离别之情：

1. 天各一方

A. 咱们相处了三年，如今要天各一方了，真舍不得你离开。

B. 你这一出国，咱俩可就天各一方了，不知下次再见面是什么时候了。

2. 天下没有不散的筵席

A. 行了，你就别煽情了，天下没有不散的筵席。好在现在通信发达，电话联系吧。

B. 各有各的事业，咱们早晚得分开，天下没有不散的筵席。

3. 送君千里，终须一别

A. 送君千里，终须一别，咱们就此别过吧。

B. 送君千里，终须一别，回去吧。

4. 别时容易见时难

A. 别时容易见时难，下次再见面不知是什么时候了。

B. 别时容易见时难，不知咱们还能不能再见了。

5. 人生何处不相逢

A. 别难过了，肯定还会再见的，人生何处不相逢？

B. 人生何处不相逢，等到再见面的时候，好好畅饮一番。

6. 山不转水转

A. 行啦，别难过了，人生何处不相逢啊？早晚还会见面的，山不转水转嘛。

B. 山不转水转，说不定过两年你也调到分公司来了，咱们还是同事。

第九课　好工作可望而不可即

热身

讨论：

1. 你有过找工作的经验吗？在找工作的过程中受到过哪些不公正的待遇？
2. 你心目中理想的工作是什么样的，是专业对口，还是高收入？

交际提示：

朋友遇到不如意的事，你应该怎样安慰他呢？

课文

（赵映辉和林海学在校园里相遇。）

林海学：瞧你喜滋滋[1]的，是不是工作找着啦？

赵映辉：猜对了。对方看了我的简历，**二话没说**，立马同意聘用。毕业证一到手，就签合同。

林海学：看来挺满意？

赵映辉：专业对口，有发展空间，待遇也不错。还有什么不满意的？

林海学：当初没让你留校任教，还闹情绪[2]，现在怎么又高兴啦？

赵映辉：唉，你就别哪壶不开提哪壶啦！**塞翁失马，焉知非福**？这话有道理。

林海学：什么时候请客？别忘了，咱们可**有言在先**，谁先找到工作谁请客。

赵映辉：是吗？我说过这话吗？我怎么不记得？

林海学：你别耍赖[3]！

赵映辉：开玩笑。你放心，决不食言[4]。你挑日子吧。

林海学：**择日不如撞日**，就今天吧。

赵映辉：那可不行，今天这日子我得和女朋友共享。

林海学：哼，我也就试试你是不是诚心。你小子，有了女朋友，老朋友就不放眼里了，重色轻友[5]！

赵映辉：说正经的，你工作怎么样啦？

林海学：**一言难尽**哪！简历发出去无数封，可全都**石沉大海**，一点儿音信也没有。急得我满嘴是泡。

赵映辉：别着急，有些事**可遇不可求**。

林海学：你是**饱汉不知饿汉饥**，你找到工作了，当然不急了。我这一毕业就面临一个去留问题。要真留在这里，吃住就是一大笔开销。再向父母要钱，哪张得开口哇？

赵映辉：船到桥头自然直[6]，凭咱们的文凭我就不信找不到一个好工作。皇帝女儿不愁嫁，说不定哪天好运就降临到你的头上。**你是谁呀**！你可是咱们系的才子呀！

林海学：文凭的时代已经过去了，用人单位更重视的是工作经验。

赵映辉：话是这么说，可文凭是**敲门砖**。没有一个名牌大学的文凭，你连好单位都进不了，何谈工作经验？

林海学：好工作有的是，但**可望而不可即**。要想找个好工作，恐怕是白日做梦[7]了。小单位呢，又不愿意去。**高不成，低不就**。

赵映辉：这次招聘会规模比较大，还有很多世界500强的企业。这可是**千载难逢**的好机会，你别大意，机不可失，时不再来。到时候买一套高档的西装，你这身行头[8]可**难登大雅之堂**。

林海学：我是去找工作，又不是去相亲。

赵映辉：**人是衣服马是鞍**。第一印象很重要，你别**不以为然**。

林海学：高档西服我不是没有，可我最讨厌的是以貌取人[9]。如果他们只重衣衫不重人，这样的单位我不稀罕[10]，我宁肯不去。此处不留人，自有留人处。

赵映辉：以貌取人并不完全错。服装正式得体，也是对别人的尊重；相反，邋里邋遢[11]，不修边幅[12]，这样的人你喜欢？买件货真价实的，别怕花钱，**舍不得孩子套不住狼**。

林海学：挑服装我完全是外行。这方面——

赵映辉：你别看我，咱俩**半斤八两**。不过我可以给你推荐一个人——

林海学：你说的是迈克吧？嗯，英雄所见略同[13]，我一下子也想到了他。

赵映辉：他现在正**巴不得**有人求他呢！

注释

1. 喜滋滋（xǐzīzī）：形容内心欢喜。
2. 闹情绪（nào qíngxù）：因工作、学习等不合心意而情绪不好，表示不满。
3. 耍赖（shuǎlài）：不按规则或答应的去做，使用不讲理的手段。也说“耍无赖”“耍赖皮”。
4. 食言（shíyán）：说话不算数；失信。
5. 重色轻友（zhòngsè-qīngyǒu）：因为重视自己的情人而慢待了其他朋友。多用于玩笑。
6. 船到桥头自然直（chuán dào qiáotóu zìrán zhí）：生活中遇到的困难到最后总会有转机的。多用于安慰人。同“车到山前必有路”。
7. 白日做梦（báirì-zuòmèng）：比喻幻想不可能实现。也说“做白日梦”。
8. 行头（xíngtou）：原本指的是戏曲演员演出时用的服装，有时也泛指服装（含诙谐意）。
9. 以貌取人（yǐmào-qǔrén）：只根据外表来判断人的品质或能力。
10. 稀罕（xīhan）：认为稀少新奇而喜欢。
11. 邋里邋遢（lālilāta）：不整洁；不利落。
12. 不修边幅（bùxiū-biānfú）：形容不注意衣着、容貌的整洁，不收拾打扮。
13. 英雄所见略同（yīngxióng suǒ jiàn lüè tóng）：英雄人物的见解大致相同。现用于赞扬意见相同的双方。

词语例释

1. 二话没说（èrhuà méi shuō）

释义：形容毫不犹豫。

（1）李刚：祝贺你做成这单大生意。

宋奇：对方跟我合作过，知道我做生意讲诚信，二话没说就把合同签了。

（2）宋奇：昨天你借到车了吗？

李刚：小王太够意思了，我说临时有急事想用他的车，人家二话没说就借了。

2. 塞翁失马，焉知非福（sàiwēng-shīmǎ，yānzhīfēifú）

释义：比喻坏事在一定条件下可以变为好事。

（1）“十年前我是因为失恋而离开这座城市的。”张强望着车窗外，对坐在身边的妻子说道，“可是塞翁失马，焉知非福？如果不是那一次的失恋，我又怎么可能去南方打拼，怎么能挣下这么大的一份产业，又怎么能认识你呢？”

（2）小娜经常对老公说：“要不是那一次丢钱，我也不可能认识你，这就是缘分。所以说，塞翁失马，焉知非福？”

3. 有言在先（yǒuyánzàixiān）

释义：事先讲明。

（1）周末，宋奇和小丽掷色子确定谁做饭，宋奇说：“咱们有言在先，一局定输赢，你别一输就要求什么三局两胜！”

（2）总经理提醒李刚：“公司集体出游，安全第一，你是组织者，咱们有言在先，出了问题我可第一个找你。”

4. 择日不如撞日（zé rì bùrú zhuàng rì）

释义：与其精心挑选日子，不如随便选一天。多指想做的事情当天就做。

（1）小丽：孩子闹着要去动物园，我算了一下儿，上次去还是两年前呢。

宋奇：择日不如撞日，赶快准备一下儿，马上出发。

（2）老朱：我听说你和小茹的新房收拾完了？什么时候我们去参观一下儿？

李刚：别什么时候了，择日不如撞日，就今天晚上吧，大家到我们新房聚一下儿。

5. 一言难尽（yìyán-nánjìn）

释义：有很多为难或让人不满的情况，一句话很难说清楚。

（1）朋友们都关心老林的婚事，说妻子去世那么多年了，也该再找个伴儿了。老林摇头叹息道："一言难尽哪！前几年孩子太小，怕找了后妈委屈了孩子；如今孩子大了，自己也年过半百了，没那个心思了。"

（2）李刚：和成信公司合作的事谈得怎么样了？

宋奇：一言难尽。对方本来就对合作的事不上心，现在又来了一家外企，也想跟他们合作。成信公司更不着急了，就等着谁出的价高了。

6. 石沉大海（shíchéndàhǎi）

释义：像石头掉到大海里一样，不见踪影。比喻始终没有消息或不见踪影。

（1）宋奇对李刚说："计划书我交给你一个星期了吧？怎么石沉大海了？你是不是把这事忘了？"

（2）小丽：小茹人长得漂亮，追求的人也多，我记得当年有个小伙子为了追求小茹，还寻死觅活的。

宋奇：可不是，当初闹得沸沸扬扬的，小茹都差点儿辞职。后来李刚来了，两个人确定了恋爱关系，这事也就石沉大海，没人再提了。

7. 可遇不可求（kě yù bù kě qiú）

释义： 能碰巧遇到但却追求不到，形容想得到机会或好东西需要运气。也说“可遇而不可求”。

（1）赵映辉为林海学介绍女朋友：“她可是我导师的掌上明珠，哲学系的高才生。这么好的姑娘可遇不可求，你可要认真对待啊。”

（2）公司派宋奇和董事长一起出差，宋奇很激动，这样的机会可遇而不可求，他想利用这次机会把自己的设想好好和董事长聊聊。

8. 饱汉不知饿汉饥（bǎohàn bù zhī èhàn jī）

释义： 比喻处境好的人无法理解身处困境中的人所体会到的痛苦和难处。

（1）小茹利用周末时间做家教，大家劝她注意身体，别太累着。小茹叹道：“你们是饱汉不知饿汉饥呀！我现在还是个‘房奴’呢，每月还银行贷款就得五千多，不拼命能行吗？”

（2）新员工里里外外忙碌。

李刚：这小子怎么这么积极？和他一比，我就是个落后分子呀！

宋奇：你是饱汉不知饿汉饥，人家还在实习期呢，不积极点儿，能转正吗？

9. 你是谁呀（nǐ shì shéi ya）

释义： 重读“你”，通过语气表达“你不是一般的人”。同样的表达方式还有“我是谁呀”“他是谁呀”。

（1）宋奇：小茹是真了不起，外语说得那叫一个流利！老外不住地竖大拇指。

李刚：那是当然，她是谁呀！

（2）宋奇：小茹，咱们是不是给外商买个小礼物？

小茹：这事你就交给我吧，你给我一个价格范围，礼物保你满意。我是谁呀！购物达人呀！

10. 敲门砖（qiāoménzhuān）

释义：比喻打开门路的最初手段。

（1）李刚：和成信公司合作的事要是谈成了，你功劳可不小哇。

宋奇：我就是块敲门砖。成信公司的副总经理不是我同学吗，就让我做了个中间人。至于怎么谈，出价多少，那都是领导的事。

（2）李刚送走客人，小茹问他是什么人。

李刚：朋友介绍的，想来咱们公司应聘，让我帮忙引荐一下儿。

小茹：这是把你当成敲门砖了。你是不是跟朋友吹牛，说自己在公司里很有地位呀？

11. 可望而不可即（kě wàng ér bù kě jí）

释义：只能够望见而不能够接近，形容看来可以实现而实际难以实现。

（1）李刚喜欢小茹，刚开始不敢表白。小茹相貌出众，气质高雅。他怕自己配不上她。对他来说，小茹可望而不可即。

（2）宋奇：房子看得怎么样啦？

李刚：房子都不错，但可望而不可即。一问房价，连首付都掏不起。

12. 高不成，低不就（gāo bù chéng，dī bú jiù）

释义：高级的、合意的做不了或得不到，做得了、能得到的又认为低级、不合意，不肯做或不肯要（多用于选择工作或选择配偶上）。

（1）小丽：朱师傅的儿子到现在也没个女朋友，他是怎么想的？

宋奇：高不成，低不就呗。我给他介绍过一个女孩子，可他嫌人家学历太低；他去我们公司看上小茹了，可小茹看不上他呀。

（2）宋奇：咱们邻居的孩子毕业一年了吧，还没找到工作呢。

小丽：我和他妈聊过，他想当公务员，可是考试没通过，私营公司他又不愿意去，高不成，低不就的。

13. 千载难逢（qiānzǎi-nánféng）

释义： 一千年都难得遇到。形容机会难得。

（1）宋奇和妻子商量："如果我们和成信公司合作了，公司规模肯定会扩大，可能要开发一些大项目，还要送一批人出国进修，这是千载难逢的好机会，我想争取一下儿。"

（2）宋奇帮老朱的儿子介绍生意："这本来是我们的一个老客户，但最近我们的业务有点儿忙不过来了，现在我把他介绍给你，这也是千载难逢的机会，干好了很可能会成为你们长期的合作伙伴。"

14. 难登大雅之堂（nán dēng dàyǎzhītáng）

释义： 普通的、粗俗的东西或人很难进入高雅的地方。

（1）大家推荐老朱参加市里的书法大赛。老朱谦虚道："自己在家练练，修身养性还行，要说参赛，恐怕难登大雅之堂啊。"

（2）宋奇：外商来考察合作项目，周末公司要为他们举办个晚会。

小丽：那咱俩这两天得上街一趟，给你买身像样的西服。你现在的这身太旧了，难登大雅之堂。

15. 人是衣服马是鞍（rén shì yīfu mǎ shì ān）

释义： 形容服装对人很重要，穿了漂亮的衣服人显得精神。

（1）李刚要去和外商谈判，决定换身高档衣服。他对小茹说："人是衣服马是鞍，上次和宋奇去见客户，他西装革履的，我穿得太随便，结果对方把我当成他的司机了。"

（2）宋奇带着妻子小丽和孩子参加公司的晚会，李刚见了小丽的打扮，开她玩笑："嫂子，都说人是衣服马是鞍，果真如此。你穿上这件衣服，一下子年轻了十岁。你们进门的时候我还纳闷儿呢，宋奇今天怎么没带嫂子来呢？"

16. 不以为然（bùyǐwéirán）

释义：不认为是对的，表示不同意（多含轻视意）。

（1）李刚：有人觉得，对一个男人来说事业更重要，本人不以为然。我觉得家庭更重要。

宋奇：你觉得什么重要不重要，还是问问你女朋友小茹什么重要吧。

（2）宋奇警告李刚："总经理的话你别不以为然。他今天谈的几项要求多数都是针对你的，你要是不重视，将来倒霉的是你。"

17. 舍不得孩子套不住狼（shěbude háizi tàobuzhù láng）

释义：比喻要想达到目的必须付出代价。

（1）宋奇：我听说你投入十万炒股？股市有风险，投资须谨慎哪！

李刚：想赚钱就别怕危险，舍不得孩子套不住狼。

（2）宋奇和小丽经过一家高档餐厅。

小丽：咱俩结婚以后再也没来吃过吧？

宋奇：这里真的太贵了！你一说这个餐厅我就气不打一处来。我第一次请你吃饭，老徐出主意，说舍不得孩子套不住狼，让我请你在这里吃，结果花了我半个月的工资。现在"狼"也套住了，我还真有点儿舍不得"孩子"了。

18. 半斤八两（bànjīn-bāliǎng）

释义：旧时半斤等于八两。比喻彼此一样，不相上下，都不好。也说"半斤对八两"。

（1）宋奇：下周你嫂子过生日，你说给她买个什么礼物好呢？

李刚：你问我？咱俩半斤八两，更何况我连婚都没结，更不知道了。

（2）宋奇：李刚，快来帮我看看，我这电脑老死机。刚才你没在，我让小茹帮我看看，也没弄好。

李刚：你俩半斤八两，她的电脑还得我修呢。

19. 巴不得（bābudé）

释义：迫切盼望。

（1）宋奇：小茹，明天的聚会安排在你和李刚的新房可以吗？

小茹：可以呀，李刚巴不得你们过去呢，他就喜欢热闹！

（2）母亲：你爸不能再喝酒了，那两瓶酒你们带回去给宋奇喝吧。

小丽：宋奇正巴不得您说这句话呢，丈母娘给的酒，他喝着都理直气壮！

巩固练习

一、根据课文内容选词填空。

（一）

敲门砖　二话没说　可遇不可求　高不成，低不就　闹情绪 船到桥头自然直　石沉大海　食言　可望而不可即　塞翁失马，焉知非福

赵映辉找到工作了。对方看了他的简历，__________，立马同意聘用。当初没让他留校任教，他还__________，现在找到了更好的工作，明白了__________的道理。他和林海学两个人有言在先，谁先找到工作

谁请客。林海学让他别耍赖。他说决不＿＿＿＿＿＿，让林海学定日子。说到找工作，林海学是一言难尽哪！简历发出去无数封，可全都＿＿＿＿＿＿。他很悲观，觉得要想找个好工作，恐怕是白日做梦了。他知道，好工作有的是，但＿＿＿＿＿＿。小单位呢，他又不愿意去，＿＿＿＿＿＿。赵映辉安慰他＿＿＿＿＿＿，有些事＿＿＿＿＿＿。何况他们是名牌大学毕业，用名牌大学的文凭做＿＿＿＿＿＿，不怕找不到好工作。

（二）

不以为然　半斤八两　难登大雅之堂 舍不得孩子套不住狼　邋里邋遢　稀罕　以貌取人

对于只注重外表的公司林海学说他不＿＿＿＿＿＿，他宁肯不去。声称此处不留人，自有留人处。可是赵映辉觉得＿＿＿＿＿＿并不完全错。服装正式得体，也是对别人的尊重；相反，＿＿＿＿＿＿，不修边幅，这样的人谁都不喜欢。所以他劝林海学别＿＿＿＿＿＿，还是买件高档的西装，因为林海学目前这身行头＿＿＿＿＿＿。要想找个好工作，就得买身货真价实的名牌，＿＿＿＿＿＿。不过他俩在挑选衣服方面是＿＿＿＿＿＿，都是外行。两个人同时想到了迈克。

二、根据所设情境用提供的词语表达。

1. 你对同学说："我的参考资料你拿走后我就再也没见着。你别不承认，是不是都给了女朋友？就知道你小子偏向女朋友！"（石沉大海　耍赖　重色轻友）
2. 发工资后，你见同事很高兴，你对他说："当初把你调到销售部，你还不高兴。瞧你现在高兴的，是不是很满意？咱俩可是说过，拿了奖金是要请客的，你可

不许说话不算数。怎么样，别选日子了，就今天吧？”（闹情绪　喜滋滋　有言在先　食言　择日不如撞日）

3. 丈夫要去面试，妻子提醒他：“这段时间为了找工作跑了多少家了，都不成。这次可是个难得的好机会，你别不重视。”（高不成，低不　就　千载难逢　不以为然）

4. 你要去面试，朋友觉得你的穿着不合适，另一个朋友表示赞同：“我俩想法一样，你这不注重穿着的习惯可真不好，怪不得次次碰壁。好好打扮一下儿自己，服装很重要，别舍不得花钱！”（英雄所见略同　不修边幅　邋里邋遢　人是衣服马是鞍　舍不得孩子套不住狼）

5. 两个同事跟你商量为客户买什么样的礼物，你听了以后，认为不妥：“算了吧，你俩这方面一样，都是外行。你们说的不是艺术品，是摆设，拿不出手，没人感兴趣！”（半斤八两　难登大雅之堂　稀罕）

6. 你的几个好朋友决定集体去外地找工作，叫你同行。你告诉他们：“你们是不理解我的难处哇。你们个个都有一技之长，当然不担心没人要了；而我呢，连个大学文凭都没有，没有一个好文凭打开门路，给人家跑腿都没人感兴趣。好工作对我来说只能是看看而已。”（饱汉不知饿汉饥　敲门砖　跑龙套　稀罕　可望而不可即）

7. 朋友问你，刚丢了工作，怎么这么快又找到新工作了。你得意地告诉他：“没有解决不了的困难！我是一般人吗？原来的老板总是看不起人，我早就不想干了。前几天，我去老乡的单位找他玩儿。正赶上他们的机器出了点儿小毛病，我轻轻松松就帮他们解决了。他们头儿觉得我是个人才，一点儿没犹豫，立马聘用了我。人有能力，早晚用得着。原来的工作不丢，哪儿来这份好工作？有些事，也是凭运气！”（船到桥头自然直　我是谁呀　以貌取人　稀罕　二话没说　天生我材必有用　塞翁失马，焉知非福　可遇不可求）

拓展练习

两人一组，根据以下各题的情境和对话提示设计表演内容，尽可能多地使用提示词语及本课学到的新熟语。

1. 小张要给女朋友买生日礼物，同事小李和小王帮他出主意。

小李：这方面我俩跟你一样，都是外行，但我觉得你别买金哪银的，太俗气。听你说，你女朋友是个才女，这些肯定都看不上。

小王：我赞成。她喜欢旅游吗？要不，把你旅游从国外带回来的小工艺品挑个有创意的，包装一下儿，送给她，有时候女孩子就喜欢这些小玩意儿。东西不贵，又很别致，她没准儿就收下了。

△提示：半斤八两　难登大雅之堂　心高气傲　英雄所见略同　稀罕

2. 小王终于追求到了心仪很久的女朋友，小李问他追求的过程。

小王：她是我心目中的女神，只能远远地看着。上学期老师给大家分组学习，我们是一个学习小组的。我一看这可是个好机会，拼命表现自己，还主动参加系里的篮球队，结果没打两场比赛受伤进了医院，我心里着急呀！没想到她组织大家来看我，还把学习笔记借我，一来二去，这不，终于赢得了她的芳心。真是老话说的，坏事也会变成好事呀！

小李：你小子眼中只有女朋友，难怪这段时间连影儿都见不着了！咱们可是说过，谁找到女朋友，可是要请客的，你不会说话不算数吧？你别不承认，咱也别选日子了，就今天吧。

△提示：可望而不可即　千载难逢　应了……话　塞翁失马，焉知非福　重色轻友　有言在先　食言　耍赖　择日不如撞日

3. 小李本来答应孩子周末带他去动物园，结果到了周末又改主意不想去动物园了。过后他跟同事小王聊起这件事。

小李：我儿子当时就不愿意了，说我不讲信用。他把自己关在房间里生

气，不理我了。我立马意识到了问题的严重性，我这样做会对孩子产生不良影响的。赶紧向孩子道歉，一点儿没犹豫，马上带他去了动物园。

小王：咱俩想法一样。这事别不在意，父母总是说话不算数，又怎么能让孩子诚实守信呢？

△提示：不干　耍赖　闹情绪　二话没说　英雄所见略同　不以为然　食言

交际提示

朋友遇到不如意的事，你可以这样安慰他：

1. 塞翁失马，焉知非福

A. 分手也用不着难过，说不定能找个更好的呢？塞翁失马，焉知非福？

B. 塞翁失马，焉知非福？工作丢了未必是坏事，你早就应该考虑换家公司了。

2. 可遇不可求

A. 有些事可遇不可求，你再等等，机会还会来的。

B. 这样的事都是可遇不可求，凭的是运气，你别太自责了。

3. 船到桥头自然直

A. 船到桥头自然直，事情早晚会解决的，你就别担心了。

B. 放心吧，船到桥头自然直，没准儿下周你就能找到工作。

4. 你是谁呀

A. 我再帮你介绍，放心吧，好姑娘有的是，都等着你呢。你是谁呀！高富帅呀！

B. 你是谁呀，大才子呀，凭你的能力还找不到工作？

第十课　求贤若渴

热身

讨论：

1. 你认为决定一个企业好坏的关键因素有哪些？
2. 你觉得人才对一个企业的作用有多大？
3. 你觉得作为一个企业的决策者必须具备的素质是什么？

交际提示：

1. 发现朋友有心事，你应该怎样表示关心呢？
2. 怎样向别人推荐你认为优秀的人呢？

课文

（陈总是外贸公司总经理，与宋学智是朋友。两个人在宋学智的办公室。）

陈　总：怎么了，老宋，每次来你这里都看你一副心事重重[1]的样子。什么事这么不开心？

宋学智：我一直琢磨[2]着开发一个新产品，可是始终也没找到合适的项目。叫你过来，就是想和你聊聊，看看能不能给我点儿启发。

陈　总：你们公司的效益不错，想进去的人可不少哇。有人知道咱俩关系好，还找我说情[3]呢。你可别**人心不足蛇吞象**啊！

宋学智：目前这个项目虽说赚钱，可是很多厂家**眼热**，**一窝蜂**争着上马，这样下去市场早晚有饱和的一天。如果还**高枕无忧**，盲目乐观，没有一点儿忧患意识的话，真到了产品积压卖不出去、几百号人嗷嗷待哺[4]的地步，那可就是决策者的失职了。

陈　总：我最近也被同样的问题困扰[5]着。外贸出口竞争激烈，已经出现了恶性竞争的苗头[6]。企业是转型，还是寻求合作，我也在寻找破解之道哇。

宋学智：决策的前瞻性很重要。像我们这个行业，技术**日新月异**，不断有新的产品推向市场，今天还是主打产品，明天就可能被淘汰。逆水行舟，不进则退[7]。我不是**杞人忧天**，你就说咱们用的手机，短短几年都换了多少茬儿了？当年声名显赫[8]的几大品牌你还能记住几个？所以，企业的创新势在必行，必须由加工型向创造型转化，要创建自己的品牌。

陈　总：那你接下来想怎么干哪？

宋学智：不怕项目大，不怕风险大，但含金量[9]一定要高。我不想**小打小闹**，既然干，就是**大手笔**。

陈　总：咱俩搞的玩意儿**风马牛不相及**。你也知道，**隔行如隔山**，你那行我是一窍不通[10]，所以我也给你出不了什么主意。不过，我可以给你推荐个人才——

宋学智：好哇，这就帮了我大忙了。我越来越体会到，所谓的市场竞争，说到底就是人才的竞争。想创新就离不开人才。人才就是资源，就是生产力。我现在是求贤若渴[11]呀！虽说每年来应聘的大学生不少，可这些人刚刚走出大学校门，理论知识有余，实践经验不足，一时难当大任呢！

陈　总：这人研究生毕业，搞电器的，在东风厂做技术员。我因私人的关系，和他聊过几回，觉得这个年轻人肚子里有点儿东西[12]。

宋学智：年轻人不**靠谱儿**，怕是难**成气候**哇。

陈　总：你先别忙着下结论，人不可貌相[13]。据说他有几项发明，都获得了专利，小有名气吧。但我不多说了，免得你**先入为主**。什么时候我介绍你们俩见一面吧。

宋学智：也好。不过，不要刻意安排。我不想太正式了，以免他有什么想法。闲聊中反而更能看到一个人真实的一面。用人上我宁肯谨慎些。要知道，**请神容易，送神难**哪。

陈　总：那好吧，这周六我把他请到家里来，你也过来，好像正巧遇到的样子。

宋学智：他要真是个人才，你可帮了我大忙了。这事你一旦撮合[14]成了，我得好好谢谢你。

陈　总：别，我只做**传声筒**。不求有功，但求无过[15]。用不用他，最后还得你自己**拍板**。

注释

1. 心事重重（xīnshì chóngchóng）：有为难的事，心情沉重。
2. 琢磨（zuómo）：思索；考虑。
3. 说情（shuōqíng）：替人请求原谅或照顾。也说“求情”。
4. 嗷嗷待哺（áo'áo-dàibǔ）：形容饥饿时急着要食物的样子。

5. 困扰（kùnrǎo）：使处于困境而难以摆脱。

6. 苗头（miáotou）：刚刚显露的发展的趋势或情况。

7. 逆水行舟，不进则退（nìshuǐ-xíngzhōu，bújìn-zétuì）：比喻学习或做事就好像逆水行船，不努力就要退步。

8. 声名显赫（shēngmíng xiǎnhè）：形容名声大。

9. 含金量（hánjīnliàng）：比喻事物所包含的实际价值。

10. 一窍不通（yíqiào-bùtōng）：对某事物一点儿也不懂。

11. 求贤若渴（qiúxián-ruòkě）：形容寻求贤才的心情非常迫切。

12. 肚子里有点儿东西（dùzi li yǒu diǎnr dōngxi）：有真才实学。

13. 人不可貌相（rén bùkě màoxiàng）：不能通过外表来评价一个人。有时与“海水不可斗量”连用。

14. 撮合（cuōhe）：从中介绍促成（婚姻或合作）。

15. 不求有功，但求无过（bùqiú-yǒugōng，dànqiú-wúguò）：不追求有功劳，只要求没有过错。形容在工作上没有高要求。

词语例释

1. 人心不足蛇吞象（rénxīn bùzú shé tūn xiàng）

释义：欲望大，不满足。贬义。

（1）小丽：你在公司里干了十年，终于当上部门经理，什么时候能当上总经理呢？

宋奇：你呀，是人心不足蛇吞象啊！部门经理能不能干好还不一定呢，又惦记上总经理的位置了！

（2）李刚骑自行车不小心碰倒了一位老人，老人倒没有提什么要求，没想到他的儿女却没完没了地向他要钱。什么医药费、误工费、营养补助费，甚至将来的养老费。老人看不下去了，当着李刚的面对儿女们说："你们不能人心不足蛇吞象，不过是一个骨折，用得了那么多钱吗？"

2. 眼热（yǎnrè）

释义：看见好东西，希望得到。贬义。

（1）宋奇下班回来，把一个礼盒交给妻子，告诉她："看见好东西你就眼热，这是人家客户送给小茹的纪念品。小茹知道你喜欢，这不，送给你了。"

（2）宋奇看见李刚开车，也眼热了，几次和妻子商量，想贷款买车，可妻子一直不同意。

3. 一窝蜂（yìwōfēng）

释义：比喻很多人乱哄哄地（同时说话或行动）。

（1）宋奇：你怎么买这么多盐呢？

小丽：大家一窝蜂地说盐要涨价，我也随大溜儿多买了点儿。

（2）李刚上班告诉宋奇："知道老火车站要拆迁，大家一窝蜂地去打卡拍照，我车在那儿堵了半个小时。"

4. 高枕无忧（gāozhěn-wúyōu）

释义：比喻平安无事，不用担忧。

（1）宋奇提醒老朱的儿子："有了稳定的客户也不能高枕无忧，客户也是需要维护的，时刻提醒自己，诚实守信是做人的根本。"

（2）小丽一边看电视剧，一边和丈夫聊天儿："看看，早年考大学可不容易，那时候国家还负责分配工作呢，谁考上大学也就意味着一辈子的生活高枕无忧了。"

5. 日新月异（rìxīn-yuèyì）

释义：每天每月都有新的变化，形容进步、发展很快。

（1）小丽：城市的变化真是日新月异，南城我也就一年没去，今天去同学那儿拿资料，一下车，傻了，哪儿是哪儿根本认不出来了，以为到错地方了。

（2）老朱：当代科技真是日新月异，弄得我压力山大。好不容易学会一样东西，可年轻人告诉我，过时了。

6. 杞人忧天（qǐrén-yōutiān）

释义：比喻为不必要忧虑的事而忧虑。

（1）小丽：儿子长大了身边也没个兄弟姐妹，遇到点儿事连个商量的人都没有。

宋奇：你这不是杞人忧天吗？你放心吧，他会有老婆，有孩子，还会有一帮朋友，生活得肯定比咱们幸福！

（2）李刚：这个月咱们效益一般，真不知道奖金还能不能发出来。

宋奇：这事也轮不到你操心呢！这是总经理的工作，用不着你杞人忧天！

7. 小打小闹（xiǎodǎ-xiǎonào）

释义：比喻小规模、零零碎碎地做事。

（1）小丽跟宋奇谈今天幼儿园发生的事情："今天幼儿园两个孩子打架，本来是小打小闹，很快就和好了，没想到双方家长又打起来了。"

（2）老朱跟宋奇聊心事："儿子开公司投入了一大笔钱，做了几笔生意，都是小打小闹。这样的话，真不知道什么时候能收回成本哪！"

8. 大手笔（dàshǒubǐ）

释义：原指著名作家的作品。比喻含金量高、规模大、影响深远的作品或作为。

（1）李刚透露给宋奇："如果和成信公司的合作谈成了，公司要上新项目，几千万的投资，技术含量高，绝对是大手笔。所以公司准备派人出国进修，你有个思想准备。"

（2）宋奇：和小茹的婚礼打算怎么办？
李刚：旅行结婚，欧洲十日游，算不算大手笔？

9. 风马牛不相及（fēng mǎ niú bù xiāng jí）

释义：两者之间内容、性质毫无关联，相差甚远。

（1）"今天闹了个笑话。"老伴儿告诉老朱，"小区里有个人跟咱对门聊天儿，说她闺女又漂亮又听话，特别可爱。我过后跟对门商量，让她帮忙给咱儿子介绍介绍，差点儿没把对门笑死。原来风马牛不相及，那人说的闺女是她们家的小狗！"

（2）李刚：你不是说新房一定要绿色吗？
小茹：我说的绿色是绿色环保，和你这刷绿漆的房子风马牛不相及！

10. 隔行如隔山（géháng rú géshān）

释义：不同行业，差别很大，所以互相不了解。

（1）宋奇：你当初买房子的时候，也是通过中介吗？
李刚：最初我不想用他们，可是后来发现，隔行如隔山，好多法律程序咱们根本不了解，所以最后还是找了中介。

（2）老朱想赚外快，跟宋奇商量找个兼职。宋奇说："隔行如隔山，工厂的事我一点儿不懂。我想知道，您的工作涉及商业机密吗？如果涉及，您是不能兼职的。"

11. 靠谱儿（kàopǔr）

释义： 比喻近乎情理，还可相信。

（1）小丽：你说董事长给孙子买了一辆汽车作为考上大学的礼物，是你亲眼所见吗？我觉得你这话不靠谱儿。

宋奇：怎么不靠谱儿？人家董事长有那个魄力！哪像你，一说买车就好像要了你的命似的！

（2）宋奇：今晚的聚会就别带孩子了，儿子喜欢李刚，把儿子送他那儿去，让他帮着照顾一下儿吧？

小丽：李刚这小子不靠谱儿，儿子交给他我不放心。

12. 成气候（chéng qìhou）

释义： 比喻有成就或有前途。

（1）宋奇：朱师傅的儿子辞职了，说是要自己开公司。

小丽：这个人我不喜欢，一向自以为是，我看难成气候。

（2）宋奇和妻子聊天儿："我跟你说过吧？上大学时住我上铺的室友学习成绩不好，总是借我的笔记。没想到人家现在成气候了，是一个大公司的技术主管！"

13. 先入为主（xiānrù-wéizhǔ）

释义： 先接受了一种说法或思想，以为是正确的，有了成见，后来就不容易再接受不同说法或思想。

（1）宋奇：你别对李刚抱有成见，看人还要看对方身上的优点。

小丽：这我承认，我对李刚是有偏见。第一次听你提到李刚，是他向你借钱，没给我好印象。结果先入为主了，到现在也不容易改变。

（2）周末宋奇一家去饭店吃饭，他正要走进自己熟悉的一家饭店，妻子拉住他："咱今天换换口味。你别先入为主，只认这一家。这条街上十几家饭店，咱都尝尝。"

14. 请神容易，送神难（qǐng shén róngyì，sòng shén nán）

释义：请人来很容易，想要这个人离开就难了。

（1）周末，老朱和宋奇商量，叫几个朋友喝酒。宋奇提议叫李刚，老朱不同意："那小子不喝正好，一喝就多。他又长得高高大大的，喝多了谁送他回去？请神容易，送神难哪。"

（2）宋奇有意把乡下的弟弟接进城来打工，小丽说出了自己的顾虑："你弟弟这个人依赖性太强，怕吃苦，又没什么能耐，我怕他打工不成，又不愿回去，那就只有咱们养着了。要知道，请神容易，送神难哪。"

15. 传声筒（chuánshēngtǒng）

释义：（1）处于中间为双方传话的人；（2）比喻照着人家的话说，自己毫无主见的人。

（1）宋奇：和小茹吵架了？

李刚：你怎么知道的？

宋奇：你俩一吵架，我就成传声筒了。她让我告诉你，今天她出差。

（2）宋奇通知李刚出差，李刚惦记女朋友的事，不愿意去，求宋奇换别人。宋奇告诉他："这事我说了不算，是总经理决定的，我不过是传声筒。有什么话你跟总经理去说。"

16. 拍板（pāibǎn）

释义：比喻主事人做出决定。

（1）小丽：我去给儿子报兴趣班，你能不能跟我一起去？

宋奇：不用了，学什么你拍板，孩子的事我不干涉。

（2）小茹对新房装修不满意，李刚觉得委屈："当初的装修风格是你拍的板，你可别怨我！"

巩固练习

一、根据课文内容选词填空。

（一）

小打小闹　含金量　眼热　求贤若渴　大手笔　一窝蜂　心事重重　琢磨

宋学智最近________的。虽然公司目前的项目赚钱，可很多厂家________，________争着上马，这样下去市场早晚有饱和的一天。所以他一直________着开发一个新产品，指导思想是不怕项目大，不怕风险大，但________一定要高。他不想________，既然干，就是________。而要想开发新产品，就需要人才，所谓的市场竞争，说到底就是人才的竞争。宋学智他现在是________呀。

（二）

请神容易，送神难　传声筒　先入为主　风马牛不相及 靠谱儿　撮合　拍板　隔行如隔山　一窍不通　肚子里有点儿东西

宋学智和陈总两个人搞的玩意儿________。俗话说，________，宋学智的那个行业陈总是________，但是他给宋学智推荐了一个人才。这个年轻人是研究生毕业，________，几项发明都获得了专利，小有名气。

宋学智担心年轻人不__________，难成气候。他怕__________哪！陈总不想多说这个年轻人，免得宋学智__________。他决定__________两人见一面，最后让宋学智自己__________，他只做__________，不求有功，但求无过。

二、根据所设情景用提供的词语表达。

1. 你和爱人谈农村老家的情况："去年有人种白菜赚了钱，大家觉得好，今年都种白菜，结果白菜过剩，卖不出去，全烂在地里了。"（眼热　一窝蜂）
2. 你听了朋友的生意计划，表示反对："你这没什么核心价值，小规模，没前途；我觉得要干就得是影响深远的，一下子赚它几百万，这辈子生活你就不用担心了。"（含金量　小打小闹　成气候　大手笔　高枕无忧）
3. 你发现朋友对目前的工作不太上心，你问他："我看你是有跳槽的意思了。咱这工作多好哇，收入稳定，一辈子不用担心，好多人羡慕，削尖了脑袋都想挤进来呢。你可别不知足哇！"（苗头　高枕无忧　眼热　人心不足蛇吞象）
4. 朋友对自己手下的一个年轻人不满意，说对这个人的第一印象特别不好。你告诉他："你别老想着第一印象，人不能看外表。这个人我了解，有点儿能力，在原来单位就小有名气，只是清高，让人看不惯。你别以为我在为他说好话呢，你现在不是急需人才吗？这个人你要是用好了，能成人物的！"（先入为主　人不可貌相　肚子里有点儿东西　心高气傲　说情　求贤若渴　成气候）
5. 发现年轻的女同事有心事，你表示关心："看你这段时间心情不好，是不是又遇到催婚了？猜到就是这事难为你。我认识一个小伙子，中学老师，长得不错，有点儿水平，最主要的是人可靠。我来介绍一下儿。用不着感谢，我就是个传话的，最后怎么样，还得你自己决定。"（心事重重　困扰　一表人才　肚子里有点儿东西　靠谱儿　撮合　传声筒　拍板）

6. 爱人的亲戚要来你居住的城市找工作，你提醒爱人："我事先声明，你别不跟我商量就决定让他住在家里。我不是那种无情无义的人，你要说请他来家里吃饭，甚至赞助他点儿租房费我也没二话。有一天他成了人物，也不用感谢我，我只求不落埋怨。可是，就是不能住在一起。找个工作哪那么容易？万一他这也不成，那也不行，长期住下去了，时间长了有了矛盾你怎么办？到时候想让他走就难了！我可不是瞎担心，你别不重视，你好好想想吧！"（有言在先　拍板　成气候　不求有功，但求无过　高不成，低不就　请神容易，送神难　杞人忧天　不以为然　琢磨）

7. 你和朋友聊天儿，谈到企业发展的话题："公司的未来一直让我苦恼。你知道，我们这个行业，技术进步太快了。你不创新，很快就会被淘汰，不发展就意味着落后。真到了有一天发不出工资，工人们都可怜巴巴看着我，那可是我的失职呀！你别以为我是瞎操心，赵总的公司当年也很有名吧？说倒闭就倒闭了！所以，我下定决心了，和李总合作。他出技术，我给他股份。不下本钱不行啊！"（困扰　日新月异　逆水行舟，不进则退　嗷嗷待哺　杞人忧天　声名显赫　花血本儿　舍不得孩子套不住狼）

8. 为了引进技术，董事长想跟李总合作，给其技术股。手下经理对此持谨慎态度："我知道您现在急需人才和技术，可他这个人是不是可信我们还需要深入了解。与李总合作的项目跟公司原定的方向完全不同，差得太远，技术上我们完全不懂。他要是进了董事会，一旦成了人物，哪还有您的位置？招他进来容易，想让他走可就不容易了。只怕将来您只能事事听他的了。所以呀，这事您再想想，就当我是瞎担心了！"（求贤若渴　靠谱儿　风马牛不相及　隔行如隔山　一窍不通　成气候　请神容易，送神难　琢磨　杞人忧天）

拓展练习

两人一组，根据以下各题的情境和对话提示设计表演内容，尽可能多地使用提示词语及本课学到的新熟语。

1. 李总和王总是朋友关系，两个人正在谈论王总公司的事。

李总：最近看你不开心，是不是有什么事让你为难呀？你的公司也算得上是名企了，你可别不知足哇？

王总：本来和人搞了一个合作项目，没想到资金设备安排好后，对方却提高了分成比例。当初因为是朋友介绍的，我手下的部门经理还是年轻，也不好好考察就决定合作了。唉，年轻人不行，干不成大事！

△提示：心事重重　困扰　声名显赫　人心不足蛇吞象　到位　撮合　拍板　靠谱儿　成气候

2. 妻子对请的保姆拿不定主意，与丈夫商量。

妻子：这事你先别定，不知道人可不可靠。让我再想想。要知道，一旦答应，想辞她不容易呀。

丈夫：同事的老乡，应该没问题。你可别有成见，总用怀疑的眼光看人家。还是好人多，你就别担心了。总这样你怎么能安心上班呢？

△提示：拍板　靠谱儿　琢磨　请神容易，送神难　先入为主　杞人忧天　心事重重

3. 李总建议王总与人合作，王总同意了。

李总：前几天跟你说的张总的那个项目怎么样？

王总：那可是个很有价值的项目，能与张总一起合作开发的话，绝对影响

深远。我正希望有这么好的事呢。他有与人合作的意思吗？这样吧，你帮忙打听一下儿这事。

李总：先说好，这个行业我也不懂，我只做传话的，最后还得你自己决定。我只希望别落埋怨。不过，这种机会难得，能合作确实双赢！

△提示：含金量 大手笔 巴不得 苗头 撮合 有言在先 一窍不通 传声筒 拍板 不求有功，但求无过 可遇不可求

交际提示

一、发现朋友有心事，你可以这样表示关心：

1. 心事重重

A. 我看你最近总是心事重重的，是不是遇到什么为难的事了？

B. 看你心事重重的，不管遇到了什么事，一切都会过去的。

2. 困扰

A. 被这么点儿小事困扰，不值得呀！

B. 说说，什么事困扰你这么久，看我能帮你解决吗？

二、你可以这样向别人推荐你认为优秀的人：

1. 肚子里有点儿东西

A. 我跟你这么说吧，小伙子肚子里有点儿东西，你别看不起人家。

B. 人家敢这么说，那肯定是肚子里有点儿东西呀！

2. 靠谱儿

A. 这人我了解，放心吧，绝对靠谱儿。

B. 要是人不靠谱儿的话，我也不可能介绍给你呀。

3. 成气候

A. 小伙子有点儿能力，用好了能成气候。

B. 你别以为人家年轻就成不了气候，俗话说得好，自古英雄出少年！

4. 人不可貌相

A. 我想人不可貌相这个道理你应该知道，你可别只看他外表哇！

B. 人不可貌相，小伙子有点儿真本事！

第十一课　人生能有几回搏

热身

讨论：

1. 当你在工作中发现无法发挥个人才能时，你会选择辞职吗？
2. 选择工作时，你首先考虑的是稳定的收入，还是一个施展抱负的天地？
3. 参加面试的时候，当你面对公司的决策者，你会不会也面试一下儿他？

交际提示：

1. 当你下定决心做某事的时候，怎么表达你的决心？
2. 当你劝对方不要做某事时，你应该怎么说？

课文

（王伟与李思明下班后在一起吃饭。）

王　伟：你真要辞职呀？

李思明：当然，决心已定。

王　伟：你<u>脑袋进水</u>[1]啦？几千人的大厂子，<u>旱涝保收</u>[2]，多少人削尖了脑袋想挤进去呢。俗话说，<u>人往高处走，水往低处流</u>[3]，你倒好，反其道而行之，从国企大厂子，去了私营小公司。

李思明：就是因为大企业，高级工程师十几个，像我这样的技术员不下百人。<u>论资排辈</u>[4]，哪有我发挥才能的机会？

王　伟：你考虑那么多干吗？每月有你工资不就得了！

李思明：和收入相比，我更需要一个用武之地。<u>人生能有几回搏</u>[5]？我不想放弃这次机会。

王　伟：你是**这山望着那山高**，**想一出是一出**。有个好工作不珍惜，将来有你后悔的时候。我劝你，这事还是三思而后行。

李思明：**开弓没有回头箭**。我既然答应了对方，又怎么能<u>反悔</u>[6]呢？**君子一言，驷马难追**。我不想干**脚踩两只船**的事，决定辞职以后第一时间我就和厂长谈了。

王　伟：他什么态度？

李思明：**顺情说好话**呗。先是挽留，说我的辞职是厂子的巨大损失。看我态度坚决，又说为了不影响我的前途也只能**忍痛割爱**什么的。

王　伟：你没说什么难听的话吧？别**把事做绝**了，给自己**留条后路**。

李思明：**分手不出恶语，买卖不成仁义在**。我只是<u>心平气和</u>[7]地谈了自己对工厂现状的看法，还有一些改革意见。当然，说不说是我的事，听不听是他的事。

王　伟：既然**木已成舟**，我也不劝你了。新工作待遇谈妥了吗？合同一定要签好哇？

李思明：为了签下我，新公司的宋总想给我一笔补偿费来着，我拒绝了。钱不钱无所谓。君子爱财，取之有道[8]。我去他那里，要的是一个施展抱负的天地，并不单单是为了赚大钱的。

王 伟：你可真另类[9]！好像不是生活在这个时代的人。

李思明：宋总口碑[10]不错，有过多项善举，赞助过很多公益活动。他这个人挺有远见的，非等闲之辈[11]。我们俩聊得特别投机，大有相见恨晚之感。

王 伟：宋总我不认识，我不想褒贬其人。我想说的是，辞职换工作毕竟是一件大事，儿戏不得呀！

李思明：我明白你为我好，可遇到一个伯乐不容易。你也知道，随着国家政策的倾斜，私营企业的作用越来越重要。私企在人才的利用、产品的转型方面更加灵活，很多企业经过最初的资本积累，正在以并购、合作的方式走向更广阔的舞台。宋总的公司就是个例子。听了他的设想，真是令人心潮澎湃[12]。他给我解决了一切**后顾之忧**，我就可以**全力以赴**地搞设计。正所谓天时不如地利，地利不如人和[13]。

王 伟：可是把个人的命运交托在他人手上，是对自己和他人的不负责。唉，**忠言逆耳**，看来我说什么都没用了，你是**不撞南墙不回头**哇！**脚上的泡是自己走出来的**。我丑话说在前头了，你别怪我**事后诸葛亮**就行。**何去何从**，你**好自为之**吧。人各有志[14]，作为朋友，我也只能把话说到这个份上了。我祝你旗开得胜[15]，马到成功[16]。

注释

1. 脑袋进水（nǎodai jìn shuǐ）：讽刺人思维不正常。同“有病”“吃错药”等口语常用语类似。
2. 旱涝保收（hànlào-bǎoshōu）：比喻无论出现何种情况都能保证收入。
3. 人往高处走，水往低处流（rén wǎng gāochù zǒu，shuǐ wǎng dīchù liú）：比

喻人要有进取心，不断提高自己。

4. 论资排辈（lùnzī-páibèi）：按资历、辈分来决定级别、待遇或机会。

5. 人生能有几回搏（rénshēng néng yǒu jǐ huí bó）：人生奋斗拼搏的机会很少，所以应该抓住。

6. 反悔（fǎnhuǐ）：对以前答应的事后悔而不承认。

7. 心平气和（xīnpíng-qìhé）：心里平和，不急躁，不生气。

8. 君子爱财，取之有道（jūnzǐ ài cái，qǔ zhī yǒu dào）：通过合理合法的手段赚钱，不赚不义之财。

9. 另类（lìnglèi）：与众不同或与众不同的人和物（含嘲讽意）。

10. 口碑（kǒubēi）：指群众口头流传的称赞或评价。

11. 等闲之辈（děngxián zhī bèi）：平常之人（多用于否定式）。

12. 心潮澎湃（xīncháo péngpài）：心情像潮水一样起伏；兴奋。

13. 天时不如地利，地利不如人和（tiānshí bùrú dìlì，dìlì bùrú rénhé）：要想成事，大家应该团结一致，这比时间地点的条件更重要。

14. 人各有志（rén gè yǒu zhì）：每个人都有自己的志向、理想或想法，别人不能勉强。

15. 旗开得胜（qíkāi-déshèng）：军队的战旗刚一展开就打了胜仗，比喻事情一开始就取得好成绩。

16. 马到成功（mǎdào-chénggōng）：战马一到就取胜，形容事情顺利，很快取得成果。

词语例释

1. 这山望着那山高（zhè shān wàngzhe nà shān gāo）

释义：比喻对自己目前的工作或环境不满意，认为别的工作、别的环境更好。

（1）宋奇找小茹谈话："领导怀疑你想跳槽，所以这次既没有给你调薪也没有给你升职。我劝你别这山望着那山高，安心本职工作吧。"

（2）李刚：我总觉得临街的房子更好，热闹。

小茹：临街的房子是热闹，可也吵闹哇！你是这山望着那山高，没住上的房子才是最好的！

2. 想一出是一出（xiǎng yì chū shì yì chū）

释义：做事草率，想到什么就去做而不认真考虑。

（1）宋奇：李刚还没有向你求婚吗？你喜欢什么方式？

小茹：我最怕他想一出是一出，搞什么在广场点满蜡烛哇，买几百朵玫瑰塞满走廊啊。我们要过日子的，何必乱花钱。

（2）小丽：我想拉个双眼皮，你觉得怎么样？

宋奇：你可别想一出是一出，我就喜欢你的单眼皮。

3. 开弓没有回头箭（kāi gōng méiyǒu huítóujiàn）

释义：比喻事情一旦开始就没有回头的余地了，就要坚持到底。

（1）小丽：明天是周末，咱俩去钢琴班给儿子报名吧，马上要开课了。

宋奇：我给你提个醒，钢琴班的要求是中途不能退学。也就是说开弓没有回头箭，交了学费，人家就不退了。

（2）小丽：这个景点没什么名气，不知好不好？

宋奇：好不好也改不了了，开弓没有回头箭，都上了高速了，想掉头只能到景点了。

4. 君子一言，驷马难追（jūnzǐ yì yán，sìmǎ nán zhuī）

释义：表示一言为定，决不反悔。

（1）宋奇答应周末带儿子去游乐场，妻子小丽提醒他："君子一言，驷马难追，你既然答应了，不许借口加班又反悔！”

（2）李刚：我听说你把水杯送给小丽了？那个水杯造型别致，当初客户送给你的时候，你可是爱不释手哇？

小茹：小丽也特别喜欢，都开口向我要了，就答应她了。君子一言，驷马难追，给她吧。

5. 脚踩两只船（jiǎo cǎi liǎng zhī chuán）

释义：为获得最大的好处，与有利益关系的双方都保持联系。也说“脚踏两只船”。贬义。

（1）一家私企想聘老朱做技术主管，开出的条件非常优厚，可老朱又不想辞掉现在的工作，毕竟国企的工作更稳定。他想两边都干着。老婆警告他：“你别干脚踩两只船的事，搞不好鸡飞蛋打。”

（2）宋奇：刚才电话那头是个美女吧？那么亲热？我警告你，谈恋爱最忌讳的就是脚踩两只船！

李刚：那是我堂姐，我亲大爷的亲闺女！

6. 顺情说好话（shùn qíng shuō hǎohuà）

释义：根据对方的情况说使其高兴的话。

（1）宋奇：你真喜欢他们新房的风格？我听你说了那么多称赞的话？

小丽：这不是顺情说好话嘛。他们马上就要结婚了，哪有时间改了？你说一些这也不满意那也不满意的话，不是让人家心里难受吗？

（2）李刚：顺情说好话谁不会呀，不就是撒谎骗人吗？

宋奇：说赞美鼓励的话，和撒谎骗人是两回事。看事物要尽量看好的方面，少吹毛求疵。这也是一种修养。

7. 忍痛割爱（rěntòng gē'ài）

释义：忍着内心的痛苦，放弃心爱的东西。

（1）李刚：我昨天去见了未来的岳父母，她爸好像有点儿不高兴。

宋奇：正常！女儿是爸爸的前世情人，爸爸一直当宝贝养着，如今忍痛割爱，谁高兴得起来？

（2）小丽发现小茹的水杯很别致，问在哪里买的。小茹说："一个客户送的，是他们自己定制的纪念品。你既然这么喜欢，那我就忍痛割爱吧。"

8. 把事做绝（bǎ shì zuò jué）

释义：做事完全彻底，没有回旋余地。贬义。

（1）宋奇两口子从钢琴班出来，妻子埋怨丈夫："何必把事做绝？他收费高咱们可以讨价还价嘛，用不着说什么再也不来的话呀？"

（2）宋奇喝酒回来晚了，敲了半个小时的门，小丽才把门打开。小丽一脸严肃地说："你我是夫妻，我不会把事情做绝，真让你露宿街头。但换位思考，如果我天天喝酒这么晚回来，你愿意吗？"

9. 留后路（liú hòulù）

释义：为防备万一事情办不成而预先留下退路。也说"留退路"。

（1）李刚告诉宋奇："当初小茹为躲避我，辞职来到咱们公司，我没犹豫，立马辞职也来这里应聘。朋友劝我，让我留条后路，一旦应聘不成，还可以回去。我没同意，我下定决心，就是来这里看大门，也要守在小茹身边。"

（2）小娜要和丈夫离婚了，母亲嘱咐她："别说什么难听的，夫妻做不成还是朋友，给双方留条后路，万一有和好的可能呢？再说你俩还有个孩子。"

10. 分手不出恶语（fēnshǒu bù chū èyǔ）

释义：与人关系不好而分手时不要向对方说恶毒的话。

（1）李刚：小胡辞职走的时候你去送了吗？

宋奇：当然去了。虽说我俩平时互相看不上，但分手不出恶语，我和他也不是你死我活的敌人。

（2）虽然母亲嘱咐小娜分手不出恶语，可是在离婚的时候她还是控制不住自己，说了很多难听的话。

11. 买卖不成仁义在（mǎimai bùchéng rényì zài）

释义：虽然生意没有做成或合作没有成功，但仍要保留友好的关系。

（1）出版社没有接受赵老师的书稿，赵老师虽然心里不舒服，不过他觉得买卖不成仁义在，没必要在脸上表现出不满来，所以对出版社提出的意见表示了感谢。

（2）儿子兴趣班收费太高，气得宋奇和老板吵了一架。回到家妻子小丽批评他："人家收费也是有标准的，收费高，条件也好嘛。去不去是咱们的自由，买卖不成仁义在，干吗发那么大的脾气？"

12. 木已成舟（mùyǐchéngzhōu）

释义：比喻事情已成定局，无法改变。

（1）小丽提醒丈夫宋奇："朱师傅为了儿子办公司，要拿出自己的养老钱，这可不是小事，你还是劝劝他吧。等到木已成舟，后悔可就晚了。"

（2）宋奇：你闺蜜离婚的事定了吗？

小丽：木已成舟，昨天办的手续。

13. 后顾之忧（hòugùzhīyōu）

释义：需要回过头来照顾的麻烦事，泛指来自后方的或家里的烦心事。

（1）小丽：你这次又升职又加薪，也算是对你这些年辛苦工作的肯定吧。

宋奇：这也离不开你的支持，不是你帮我解决了后顾之忧，我哪能一心一意扑在工作上？

（2）宋奇和妻子聊天儿："我以为到了朱师傅这个年龄就不会有什么后顾之忧了，孩子大了，自己也不算老。没想到儿子开公司，他把房产都押上了，每天过得忧心忡忡的。"

14. 全力以赴（quánlìyǐfù）

释义：把全部力量都投入进去。

（1）宋奇：你说我这回升职了，是不是该好好歇歇？

小丽：说什么呢？孩子还小，咱们还得全力以赴，多挣钱养家。

（2）宋奇：李刚这段时间也不张罗玩儿的事了，他忙什么呢？

小茹：全力以赴研究厨艺呢。到现在炒的菜也没得到大家的认可，他不服气。

15. 忠言逆耳（zhōngyán-nì'ěr）

释义：忠心劝告的话不顺耳，令人难于接受。

（1）小丽：小张是因为什么被开除的？

宋奇：收客户的好处。我劝过他，别干这种事，领导最恨这种人，可忠言逆耳，他哪听得进去呀！

（2）小丽：我今天想教育儿子，刚开口就被他顶回来了，说他是大人了，别总教训他！

宋奇：忠言逆耳，小孩子还是喜欢听夸奖和鼓励。大道理等他长大才能明白。

16. 不撞南墙不回头（bú zhuàng nán qiáng bù huítóu）

释义：不到最后失败不知后悔，比喻人固执。

（1）老朱揽了个私活儿，挣了一笔外快，结果被告到领导那里。因为涉及商业机密，领导把他叫去，狠狠批评了一顿，警告他不许有下回。老伴儿过后骂他：“你是不撞南墙不回头！我早就警告过你，别干这种脚踩两只船的事，你都当成耳旁风！”

（2）李刚为布置新房想请两天假。小茹说：“这两天活儿多，总经理肯定不会同意的。”一会儿，李刚一脸沮丧地回来，小茹笑道：“不撞南墙不回头！挨骂了吧？现在人手正紧，这时候请假，不骂你骂谁？”

17. 脚上的泡是自己走出来的（jiǎo shang de pào shì zìjǐ zǒu chulai de）

释义：受到的责备、惩罚或祸害都是自己造成的。

（1）小丽问小张被开除的原因，宋奇告诉她：“脚上的泡是自己走出来的！他收客户的好处，领导最恨这种人！”

（2）宋奇：你同学不是挺有钱的吗？怎么突然向你借钱了？

李刚：脚上的泡是自己走出来的！炒股赚了点儿钱就瞎嘚瑟，偏要玩儿大的，结果全赔了。

18. 事后诸葛亮（shìhòu Zhūgě Liàng）

释义：比喻事情发生后才显示自己聪明智慧的人。也说“放马后炮”。

（1）宋奇两口子看完李刚和小茹的新房回来，妻子小丽说：“对他们新房的风格我不太满意，但我也没说出来。最初也没帮人家出主意，现在说什么都是事后诸葛亮了。”

（2）老朱挣外快被领导处分了，老伴儿说：“上边知道了肯定饶不了你。没开除你，就算照顾你了。我可不是事后诸葛亮，早就提醒过你。”

19. 何去何从（héqù-hécóng）

释义：指在重大问题上做出选择。

（1）宋奇找李刚谈话："公司有规定，将来结婚，夫妻二人不能待在同一个部门。是辞职离开公司，还是调到别的部门，何去何从，你早做打算。"

（2）宋奇告诉李刚："董事长着急了，和成信公司合作的事必须抓紧时间进行，不能再拖了。他让我和成信公司摊牌，是和外企合作还是和咱们合作，何去何从，必须尽快给咱们一个明确的答复。"

20. 好自为之（hǎozìwéizhī）______

释义：自己妥善处置（多用于告诫对方）。

（1）李刚：妈，你要是再催我结婚，我就出家当和尚去。

妈妈：好好好，我不再管你的事了，你好自为之吧。

（2）宋奇要出差，妻子小丽一边为他收拾行李一边警告他："一个人出门在外，好自为之。别没人管了，又喝酒又抽烟的。"

巩固练习

一、根据课文内容选词填空。

（一）

人生能有几回搏　君子一言，驷马难追 另类　旱涝保收　脑袋进水　这山望着那山高

李思明决定辞职，王伟觉得他太______了，肯定是______了。几千人的大厂子，______，多少人削尖了脑袋都想挤进去呢。所以劝他不要______，想一出是一出，随随便便就辞职，一定要三

思而后行。可是李思明觉得______________，他不想放弃这次机会。他已经答应了对方，______________，开弓没有回头箭，当然不能反悔。

（二）

忍痛割爱　顺情说好话　心平气和　木已成舟　留条后路　买卖不成仁义在

李思明辞职的事______________，他已经和厂长谈了。厂长当然是______________。先是挽留，又说为了不影响他的前途也只能______________什么的。王伟劝李思明别把事做绝了，给自己______________。分手不出恶语，______________嘛。李思明说自己只是______________地谈了对工厂现状的看法，还有一些改革意见。

（三）

全力以赴　天时不如地利，地利不如人和 非等闲之辈　后顾之忧　君子爱财，取之有道

宋总这个人______________，口碑不错，有过多项善举，赞助过很多公益活动。李思明和他聊得特别投机，两个人都有相见恨晚之感。李思明觉得钱不钱无所谓，______________，他要的是一个施展抱负的天地。只要宋总为他解决了______________，他就可以______________地搞设计，正所谓______________。

二、根据所设情境用提供的词语表达。

1. 你跟一个单身的朋友开玩笑说后悔结婚了："像你这样多好哇，没有操心事，可以一心一意干事业。我现在又有老婆又有孩子，哪个不都得照顾到？可是后悔

也晚了，改变不了了，现在让我离开他们，我哪受得了哇？”（后顾之忧　全力以赴　开弓没有回头箭　忍痛割爱）

2. 恋人为追求事业跟你提出分手。你说：“人都有追求，每个人的追求也不一样，勉强不得。我祝福你！”（人往高处走，水往低处流　人各有志）

3. 你与他人的合作没有成功，朋友劝你不要得罪对方，你告诉朋友：“那是当然，没有必要得罪人，合作不成友情还在嘛。我很友好地告诉他们，自己现在还没有这个实力，这么好的合作项目只能放弃了。”（分手不出恶语　买卖不成仁义在　心平气和　忍痛割爱）

4. 你想辞职，可公司的老总是你的伯乐，你觉得对不起他。老总说：“我早就看出来了，你不是一般人，我这里留不住你，该到分手的时候了。没什么对不起我的，人要进取，年轻人有追求是对的，人这一辈子能有几次机会？我祝你到了新公司很快取得好成绩！”（等闲之辈　忍痛割爱　人往高处走，水往低处流　人生能有几回搏　旗开得胜　马到成功）

5. 弟弟要辞职，你跟爱人谈论此事：“他呀，就是想得好，现在的工作多好哇，收入有保证，不懂得珍惜，非要去一个私营的小公司，还说什么机会难得。我让他要一笔跳槽费，可他说赚钱要合理，他只要一个施展抱负的天地。我还能说什么？算了，他自己的事，我干脆不管了。”（这山望着那山高　旱涝保收　人生能有几回搏　君子爱财，取之有道　脚上的泡都是自己走出来的）

6. 因为换工作的事你与女儿吵了起来，丈夫安慰你：“每个人想法不一样，勉强不得。你也别说这些泄气话了，不好听，这个时候她哪听得进去呀？不如说点儿好听的，鼓励一下儿她，祝她一切顺利。这个时候她更需要的是支持。另外，咱们再找她好好谈谈，让她别把事做过了，给自己留个余地。怎么做，还得她自己决定，咱们只要别提醒晚了就行了。”（人各有志　忠言逆耳　顺情说好话　心平气和　把事做绝　留后路　何去何从　拍板　事后诸葛亮）

7. 听说好朋友要辞职，你阻止他。他说：“晚了，辞职的事已经定了。我已经答应新老板了，说出的话，怎么能收回呢？新老板人不错，这次一见果然不是一般人。听了他的一些设想，真让我激动。他对我也挺欣赏的，我俩都有相见恨晚的感觉。你知道，一个企业上下同心太重要了，团结才是根本嘛。”（木已成舟　君子一言，驷马难追　反悔　口碑　等闲之辈　心潮澎湃　天时不如地利，地利不如人和）

8. 你的男朋友想练习跑酷，你阻止他说：“你可别冲动！你的想法总是这么不正常，那都是十五六岁的孩子玩儿的，你都多大了？这项运动有危险，我都说你多少次了，你就是不听，我看你是不懂后悔了！反正我不同意，可别怪我没提醒过你，你看着办吧！”（想一出是一出　另类　不撞南墙不回头　事后诸葛亮　好自为之）

拓展练习

两人一组，根据以下各题的情境和对话提示设计表演内容，尽可能多地使用提示词语及本课学到的新熟语。

1. 赵总把公司转手，要去南方搞房地产。他的好朋友李总和王总谈论此事。

李总：他说人生机会不多，他还想大干一番。我劝过他，得想想后路，可是这种话不好听，他哪听得进去？我看他是不可能改主意了。

王总：命运是自己决定的，这事咱们也只能说这么多。每个人的想法不一样，该怎么选择，还得他自己决定。祝他好运吧。

△提示：人生能有几回搏　留后路　忠言逆耳　不撞南墙不回头　脚上的泡是自己走出来的　人各有志　何去何从　旗开得胜　马到成功

2. 李总要与人合作，王总觉得应该先拿到对方的技术，再考虑投资建厂。

李总：合作的事改变不了了，我已经下定决心了，说话算数。人这一辈子奋斗拼搏的机会不多，我不想失去这次机会。我也没打算给自己留什么余地。想合作，团结最重要。大家共同努力，何愁赚不到钱？

王总：我知道，我的话你听不进去，可我是你的朋友，不可能只是说好听的吧？你呀，太固执！你自己处理好吧。我提醒你了，将来你别怪我说晚了就行！

△提示：木已成舟　君子一言，驷马难追　人生能有几回搏　留后路　天时不如地利，地利不如人和　全力以赴　忠言逆耳　顺情说好话　不撞南墙不回头　好自为之　丑话说在前头　事后诸葛亮

3. 小李要离婚，好朋友小王和他聊此事。

小王：既然定了，那就好合好散。每个人想法不同，勉强不得。希望你们能平静地处理好这件事，做不成夫妻做朋友嘛。

小李：那是当然，分手也没必要说难听的，何必把事做过了？家产我一分不要。钱是人挣的，以后一心一意工作赚钱呗。

△提示：木已成舟　人各有志　强扭的瓜不甜　心平气和　买卖不成仁义在　分手不出恶语　把事做绝　全力以赴

交际提示

一、当你下定决心做某事的时候，可以这么说：

1. 人往高处走，水往低处流

A. 人往高处走，水往低处流，我不想一辈子待在这个小地方，我需要一个更广阔的天地。

B. 大公司虽然竞争激烈，但也是锻炼人的好地方，人往高处走，水往低处流嘛。

2. 人生能有几回搏

A. 人生能有几回搏呀？我不想失去这个机会。

B. 我都四十岁了，人生能有几回搏？再不拼一下儿，就来不及了。

3. 开弓没有回头箭

A. 开弓没有回头箭，定金都交了，不去也不行了。

B. 开弓没有回头箭，已经辞职了，想回去也回不去了。

4. 君子一言，驷马难追

A. 君子一言，驷马难追，说给你就给你了，绝不反悔！

B. 不就是请客吗？你放心，君子一言，驷马难追，你选日子吧！

二、当你劝对方不要做某事时，可以这么说：

1. 这山望着那山高

A. 你呀，就是这山望着那山高，有个好工作不懂得珍惜！

B. 别这山望着那山高了，现在的住处就不错了，还想住更好的，咱们也没那么多钱啊！

2. 想一出是一出

A. 你怎么想一出是一出哇，咱们不是说好了周末去郊游吗？怎么又不去啦？

B. 行了，别想一出是一出了，今天哪儿也不许去，好好儿在家写作业。

3. 忠言逆耳

A. 我知道忠言逆耳，你听不进去，但我还是要劝劝你。

B. 忠言逆耳，他的话你不爱听，可是你也要冷静下来好好儿想想，这话有没有道理。

第十二课　万事开头难

热身

讨论：

1. 想保持一个企业的活力，你认为有哪些方式？
2. 朋友间合伙做生意或者合作开办公司，你觉得需要注意什么？

交际提示：

1. 提醒朋友做事要考虑后果，你应该怎么说呢？
2. 朋友遇到挫折感到泄气时，你怎样安慰或者鼓励他呢？

课文

（陈总和李思明是亲戚，两个人在陈总家中聊天儿。）

陈　总：工作这段时间，感觉如何？

李思明：总的来说不错，就是觉得公司太小，有点儿施展不开。设计出来了，结果资金设备都不到位。**巧妇难为无米之炊**呀。

陈　总：别急，资本需要一个积累的过程。技术工人也需要培养，新项目上马企业一时消化不了。**贪多嚼不烂**嘛。

李思明：宋总也这么说。我也这么劝自己，既来之，则安之[1]吧。我一到那儿就先拿出几项设计，也算是见面礼吧。小项目，投入少，见效快。产品已上市，反响还不错。

陈　总：万事开头难[2]，打开局面就好了。宋总对你怎么样？

李思明：那是**没的说**。刚开始的时候有几个技工不配合，说**风凉话**，说**没有金刚钻儿，别揽瓷器活儿**什么的，让宋总撞见了，狠狠训了他们一顿。有点儿拿他们**开刀**，**杀鸡给猴看**的意思。这事弄得我还挺**不落忍**的。

陈　总：同行是冤家[3]。你去了，抢了人家饭碗，心理不平衡，这也正常。你自己也得注意些，恃才傲物[4]的缺点改一改，人毕竟是生活在社会中。咱俩的关系你告诉宋总了吗？

李思明：没有。您不让说的事我肯定**守口如瓶**。但我觉得他猜到了。他是多精明的人哪。只是不想**把这层窗户纸捅破**而已。

陈　总：我当时没说也是怕影响他的判断，以后有机会我会告诉他的。说一说你们那个大项目吧，进展如何？**有眉目**了吗？

李思明：唉，**万事俱备，只欠东风**——没钱哪。本来国外一家公司有合作意向，可能是**好事多磨**，他们资金链出了点儿问题，结果到现在迟迟定不下来。

陈　总：干吗**舍近求远**，不在国内找家企业？

李思明：找过，也都来看过。看完了都赞不绝口，说大手笔，利国利民什么的。可一说投资，全都不作声了。

陈　总：这也不能怪他们，毕竟是一项大投资，风险太大。还有，人家对你们的实力也不了解，怕你们是**空手套白狼**啊。

李思明：的确，**将心比心**，对好多私营企业来说是**孤注一掷**，都怕**到头来**竹篮打水——一场空[5]。谁有那么大的魄力呀！

陈　总：要是有一个人有呢？

李思明：谁？

陈　总：远在天边，近在眼前。

李思明：您？这我可没想到。看来我是**有眼不识泰山**哪！

陈　总：早在你和宋总谈这个项目的时候我就动心了。当然，我也不是**脑子一时发热**就决定的。我们公司挣下这份家底不容易，投资不成，钱**打了水漂儿**，如何向董事会交代？这段时间我请专人做过市场调查，前景还是不错的。政府正在加大环保力度，减少碳排放，你们的这个项目可以说是恰逢其时。宋总一直想搞这么一个大项目，我也该助他一臂之力[6]呀！

李思明：这可太好了。凭您和宋总的关系，这可是天作之合[7]！

陈　总：不过亲兄弟明算账[8]，责权利要分清楚，这一点绝不能含糊[9]。

李思明：那当然。

陈　总：你们有项目，我们有资金。之所以跨行业合作，就是不想把鸡蛋放在一个篮子里。你能者多劳[10]，技术上我们不多参与，我和宋总只做你的后盾[11]。

李思明：没的说。哎呀，这段时间我们为资金的事可以说跑断了腿，没想到踏破铁鞋无觅处，得来全不费工夫[12]。总算是**一块石头落了地**！

注释

1. 既来之，则安之（jì lái zhī，zé ān zhī）：原意是已经把他们招抚来，就要把他们安顿下来。今意为既然来到这里，就安心留在这里，不再想离开。多含勉强接受之意。

2. 万事开头难（wànshì kāitóu nán）：任何事情开始做的时候都不容易。
3. 同行是冤家（tóngháng shì yuānjia）：干同一行业的人因为竞争的原因而彼此不和。
4. 恃才傲物（shìcái-àowù）：依仗自己的才能而骄傲自大，看不起旁人。
5. 竹篮打水——一场空（zhúlán dǎ shuǐ —— yì chǎng kōng）：歇后语，白忙活半天，什么也没得到。
6. 一臂之力（yíbìzhīlì）：指其中的一部分力量或不大的力量。课文中指一些帮助。常说“助人一臂之力”。
7. 天作之合（tiānzuòzhīhé）：上天安排的合作（多指美满的婚姻）。
8. 亲兄弟明算账（qīn xiōngdì míng suànzhàng）：即使是亲朋好友，也要把双方的利益和责任分清楚。
9. 含糊（hánhu）:（1）不明确；不清晰。（2）不认真；马虎。
10. 能者多劳（néngzhě-duōláo）：能干的人多劳累一些（常用来鼓励或赞赏能力强的人多承担工作）。
11. 后盾（hòudùn）：在背后支持的力量。
12. 踏破铁鞋无觅处，得来全不费工夫（tàpò tiě xié wú mì chù，dé lái quán bú fèi gōngfu）：比喻急需的东西费了很大的力气都找不到，却在无意中轻松得到了。

词语例释

1. 巧妇难为无米之炊（qiǎofù nán wéi wú mǐ zhī chuī）

释义：比喻做事缺少必要的条件，再能干的人也很难做成事。

（1）李刚让小茹辅导英语。小茹问：“教材呢？你连教材都没准备，让我怎么辅导？巧妇难为无米之炊呀！”

（2）宋奇交给李刚一份清单，让他采购一批物资。李刚伸手要钱。

宋奇：咱们的货款没收上来，账上没钱，先欠着对方。

李刚：这我上哪儿买去呀？巧妇难为无米之炊呀！

2. 贪多嚼不烂（tān duō jiáo bú làn）

释义：一次想做的事情太多反而都做不好。

（1）张老师发现有的留学生一下子选太多课，什么都想学。他就劝学生："知识是慢慢积累的，不能急于求成。一下子选这么多课，贪多嚼不烂，效果并不好。"

（2）周六小丽带儿子回娘家，临出门她叮嘱丈夫宋奇："你留家中打扫卫生，只打扫厨房就行，其他房间你不用管。贪多嚼不烂，房间太多我怕你打扫不干净。"

3. 没的说（méideshuō）

释义：（1）非常好，无可指责；（2）表示同意，意思是当然可以，没问题。也说"没说的"。

（1）老朱到宋奇家做客，发现宋奇把家收拾得井井有条，就在小丽面前夸奖他："你这老公可真是没的说，里里外外一把手。"

（2）宋奇：不好意思，明天是周末，可咱们一个客户坐飞机过来，你能去机场接一下儿他吗？

李刚：没的说！几点？

4. 风凉话（fēngliánghuà）

释义：不负责任的冷言冷语。

（1）小茹：你找的装修队资质肯定不够，这活儿干得真不怎么样！

李刚：装修的事你也不管，只会说风凉话。你怎么不去找一个资质够的装修队？

（2）宋奇：咱都答应带孩子去游乐场了，你现在又不去了，他能干吗？

小丽：你也知道我有头晕的毛病，游乐场好多项目玩儿不了。说好咱俩带他去，你现在又要去公司加班。你不带了，还说风凉话！

5. 没有金刚钻儿，别揽瓷器活儿（méiyǒu jīngāngzuànr，bié lǎn cíqì huór）

释义：如果没有那个能力，就不要承担那个工作。

（1）李刚：小茹租的房子下水道坏了，下班后我给她修一下儿。

宋奇：你会吗？没有金刚钻儿，别揽瓷器活儿，万一修不好，别把房子淹了。

（2）小茹埋怨李刚："没有金刚钻儿，别揽瓷器活儿，这电脑明显是硬件坏了，你怎么可能修好呢？

6. 拿……开刀（ná…kāidāo）

释义：把某人作为典型加以处理。

（1）小茹提醒李刚："最近注意点儿，总经理刚强调了上班纪律，别让他拿你开刀。"

（2）宋奇晚上告诉小丽："最近公司迟到早退的不少，为了整顿风气，总经理今天拿李刚开刀，当着大家的面批评了他。"

7. 杀鸡给猴看（shā jī gěi hóu kàn）

释义：处理某人，目的是警告其他人。也说"杀鸡儆猴"。

（1）小丽：小张被开除了？这处分是不是有点儿重啊？

宋奇：他收客户的好处，领导最恨这种人。开除他也是杀鸡给猴看。

（2）李刚：小陈不过是说一句玩笑话，总经理怎么还发脾气了？

宋奇：这还看不出来，总经理这是杀鸡给你这只猴子看呢！以后上班时间少说废话！

8. 不落忍（bú làorěn）

释义：心里过意不去；于心不忍。

（1）因为要把资料翻译成英文，而且要得急，小茹只好加班。宋奇临下班时跟她说："我们都下班了，却留你加班，我这心里真是不落忍。这样吧，我命令李刚留下陪你。"

（2）"公司有规定，两口子不能在一个部门。李刚和小茹结婚后，他俩就得走一个。"宋奇告诉妻子，"我今天和李刚谈了。看他难过的样子，我这心里还真不落忍。"

9. 守口如瓶（shǒukǒu-rúpíng）

释义：形容说话非常谨慎或严守秘密。

（1）李刚和宋奇聊天儿："我听说原来公司有个人追小茹很疯狂，到底是怎么回事，我问嫂子，嫂子守口如瓶，就不说。"

（2）宋奇瞒着妻子借钱给李刚，同时要求他一定守口如瓶。

10. 把窗户纸捅破（bǎ chuānghuzhǐ tǒngpò）

释义：明确某种猜测或彻底公开秘密。也说"捅破窗户纸"。

（1）李刚为了追求小茹来到这个公司，同事们看出两个人关系不一般，但很长时间也没人把这层窗户纸捅破。

（2）小茹：你有时候太较真儿了，有些事没必要去捅破窗户纸。

李刚：你说得没错，要不太尴尬了。

11. 有眉目（yǒu méimu）

释义：事情有头绪了，已经分清了条理。

（1）小丽问丈夫宋奇："李刚和小茹的婚事也算是有眉目了，他们打算什么时候举办婚礼呀？日子定了吗？"

（2）宋奇告诉李刚："与成信公司合作的事还没有眉目，对方老总始终不点头。有家外资企业也争着和他合作，反而让他不着急了，就想等个好条件。"

12. 万事俱备，只欠东风（wànshì-jùbèi，zhǐqiàn-dōngfēng）

释义：比喻一切都准备好了，只差最后一个重要条件。

（1）李刚：什么时候买车？你现在又是升职，又是加薪，应该买车了。

宋奇：万事俱备，只欠东风。就差老婆点头同意了。

（2）宋奇：婚礼准备得怎么样啦？

李刚：万事俱备，只欠东风。酒店订了，请柬发了，只差接亲的轿车了。怎么也得找辆豪车呀！

13. 好事多磨（hǎoshì-duōmó）

释义：好事情在实现、成功前常常会经历许多波折。

（1）小丽：李刚升职的事怎么样了？

宋奇：好事多磨呀！如果把质检部门独立出去，李刚自然是这个部门的经理。可我跟上边谈了几次，领导始终也没有明确的答复。

（2）李刚：为了追小茹，我辞了原来的工作。这两年吃了多少苦，受了多少委屈，真是一言难尽哪！

宋奇：好事多磨嘛。这样你才知道珍惜呀。

14. 舍近求远（shějìn-qiúyuǎn）

释义： 不要近处的而去寻求远处的，比喻做事走弯路或方法不对头。

（1）宋奇：我这个病听说中医治得好，过段时间我去中医院看看。

小丽：干吗舍近求远呢？咱们邻居就是个有名的中医，让他看看呗。

（2）老朱：我得找找人，帮儿子把公司办下去呀。

老伴儿：用不着舍近求远，宋奇就能帮忙。

15. 空手套白狼（kōng shǒu tào bái láng）

释义： 没有付出却获得收益的一种欺骗人的手段。

（1）小丽：我听说有的公司集资建房，用职工的钱搞房地产，这算不算空手套白狼啊？

宋奇：如果只是为了职工的福利，并不为赚钱，就不算。

（2）宋奇：货先收下，货款欠着。等把货卖出去再给他钱。

李刚：没钱还收人家东西？你想空手套白狼啊？

16. 将心比心（jiāngxīn-bǐxīn）

释义： 拿自己的心去比照别人的心。指遇事像考虑自己的情况一样为别人着想。意思相近的表达还有“换位思考”“设身处地”“己所不欲，勿施于人”。

（1）同事们笑老朱怕老婆，不敢和大家在外面喝酒。老朱解释道：“不是这么回事。老伴儿要是知道我在外面吃饭了，她自己就随便对付点儿，根本不舍得做什么好吃的。而咱们这个工作三天两头有饭局，将心比心，我总觉得不落忍，所以这饭局我能不参加就不参加。”

（2）小丽开始为儿子制订学习计划，何时上英语班，何时上美术班，还有什么滑冰、跆拳道之类的。宋奇生气道：“你要把孩子累死？将心比心，你的童年要是这么过，你愿意吗？”

17. 孤注一掷（gūzhù-yízhì）

释义： 比喻在危急时刻使出全部力量，做最后一次冒险。

（1）老朱对儿子说："为了你办公司，我和你妈的养老钱都给了你，房子也押出去了，咱们家可是孤注一掷了。你要是赔了的话，我和你妈就只能喝西北风了！"

（2）宋奇：总经理同意了咱们的计划，我跟他保证了，完不成这个计划我就辞职。

李刚：我的天哪，为了这个计划，你孤注一掷啦？放心吧，保证完成任务，绝不会让你丢工作的！

18. 到头来（dàotóulái）

释义： 到最后；结果（多用于坏的方面）。

（1）宋奇告诉李刚："以后不攒私房钱了。攒了半天，到头来还是都给老婆了。钱没得到，还被罚干家务。"

（2）宋奇：你不是给儿子报辅导班了吗？怎么没去上课啊？

小丽：你反对，儿子不愿意，到头来我是坏人，我才不干呢！

19. 有眼不识泰山（yǒu yǎn bù shí Tài Shān）

释义： 比喻没有认出地位高或本领大的人。

（1）李刚和宋奇聊天儿："今天公司前台拦住一位老人，等老人亮明身份，前台马上说'有眼不识泰山'。原来那是董事长的父亲。"

（2）董事长任命宋奇为部门经理后，李刚找到宋奇悄声说："我以为部门经理是小胡呢。我有眼不识泰山哪，大经理就在我身边呀！"

20. 脑子一时发热（nǎozi yìshí fārè）

释义：只凭着一时的兴致而没有认真考虑就做出决定。

（1）宋奇知道老朱的儿子辞职后又投入大笔资金开办了一家公司，他很担心，对妻子小丽说："我怕这孩子是脑子一时发热做出的决定，要是那样的话他可就把父母害惨啦。"

（2）小丽动员儿子上兴趣班，宋奇提醒她："你别羡慕别人家的孩子，脑子一时发热就让咱儿子学这个学那个？要站在孩子角度，想想是不是适合他，是不是他愿意的！"

21. 打水漂儿（dǎ shuǐpiāor）

释义：比喻财物投出去后收不回来了。

（1）小丽提醒丈夫："老话说借钱失朋友，不但借出去的钱可能打水漂儿，最后连朋友都做不成了。"

（2）宋奇：孩子学什么还得看他兴趣，要不然学费打水漂儿不说，孩子还受累。

22. 一块石头落了地（yí kuài shítou luòle dì）

释义：比喻放心了。也说"松了一口气"。

（1）小丽对宋奇说："儿子临上台时，我紧张得不得了，后来发现他在台上表演和在自己家一样，我这一块石头才算落了地。"

（2）李刚对宋奇说："和小茹的事定下来以后，我心里这块石头也就落了地。结婚以后我更要好好工作赚钱啦！"

巩固练习

一、根据课文内容选词填空。

（一）

拿他们开刀　后盾　不落忍　万事开头难 贪多嚼不烂　风凉话　既来之，则安之　没的说　将心比心

对于新单位，李思明决定＿＿＿＿＿＿＿＿。他知道，＿＿＿＿＿＿＿＿，不能太着急，新项目上马太多反而不好，＿＿＿＿＿＿＿＿。宋总对他那是＿＿＿＿＿＿＿＿，是他的坚强＿＿＿＿＿＿＿＿。不过，同行是冤家，有些工人开始的时候不配合，说＿＿＿＿＿＿＿＿，说没有金刚钻儿，就别揽瓷器活儿什么的。宋总知道后，狠训了他们一顿。其实就是＿＿＿＿＿＿＿＿，杀鸡给猴看。这事弄得李思明挺＿＿＿＿＿＿＿＿的。＿＿＿＿＿＿＿＿，他去了，抢了人家饭碗，心理不平衡也正常。

（二）

一块石头落了地　孤注一掷　好事多磨 脑子一时发热　万事俱备，只欠东风　打了水漂儿

李思明一直想要干的那个大项目已经有了眉目，但＿＿＿＿＿＿＿＿，资金还不到位。本来国外一家公司有合作意向，可＿＿＿＿＿＿＿＿，资金链出了点儿问题，迟迟定不下来，而国内几家企业看后虽然都赞不绝口，可一说投资却都不作声了。毕竟是一项大投资，风险太大。对好多私营企业来说，可以说是＿＿＿＿＿＿＿＿，都怕到头来钱＿＿＿＿＿＿＿＿。不过陈总很有魄

力，他决定投资这个项目。当然他也不是＿＿＿＿＿＿＿＿就决定的。他请专人做过市场调查，认为很有前景。李思明没想到踏破铁鞋无觅处，得来全不费工夫，这下有了资金支持，终于心里＿＿＿＿＿＿＿＿。

二、根据所设情境用提供的词语表达。

1. 新来的同事感到工作复杂，不想干了，你鼓励他："就在这儿干吧。什么事开始的时候都难，等事情理清楚了就好办了。"（既来之，则安之　万事开头难　有眉目）

2. 爱人与朋友合伙做生意，不想太斤斤计较。你提醒爱人："金钱方面不能大意，就算朋友也一样。这么一大笔钱，这可是冒险啊！还是签份合同，把双方的投资、利益分配白纸黑字写清楚，免得最后钱没了不说，朋友也做不成。"（含糊　亲兄弟明算账　孤注一掷　到头来　打水漂儿）

3. 合伙人想承包某工程项目，你担心："这个活儿和咱们的专业一点儿关系也没有，差得太远，咱们完全不懂，没那个能力还是别干了。你可别一高兴，什么活儿都接。我怕最后咱们忙活半天一分钱也赚不到。"（风马牛不相及　隔行如隔山　一窍不通　没有金刚钻儿，别揽瓷器活儿　脑子一时发热　到头来　竹篮打水——一场空）

4. 你被老板训了一顿，让你以后干好本职工作，少管闲事。过后同事告诉你原因："你今天说错话了，是你说李大姐不该干这个活儿吧？怎么就你聪明呢？老板看不出来呀？那是因为李大姐家里困难，老公长期卧病在床，女儿上大学，老板不忍心辞她，非说办公室秘书这活儿她干最合适。公司老人心里都清楚，可没人说出来，偏偏你说出来了，而且说得那么不客气，李大姐都偷着抹眼泪了，老板能不生气吗？他训你，那是警告别的新人呢！"（没有金刚钻儿，别揽瓷器活儿　不落忍　捅破窗户纸　拿……开刀　杀鸡给猴看）

5. 朋友要结婚了，突然来找你，你问他婚礼准备得怎么样了。朋友说："我就为这事来的。都准备好了，就缺司仪了。本来已经安排好了的，可人病了，住院了。我正发愁去哪儿找人呢，小王说干吗去找呢，你就合适！我一想也对呀，这个时候也只有你能帮我了。公司里你口才最好，所以这活儿你来吧。别跟我说你不行，这时候你不干，咱俩这朋友也就别做了！"（万事俱备，只欠东风　好事多磨　舍近求远　助人一臂之力　没的说　能者多劳　节骨眼儿　掉链子）

6. 当你知道小王刚结婚不久，你向他道喜："我没看出来呀，你小子还有这本事，把全公司最漂亮的姑娘娶回家了。到现在你还保密呢？你嘴也太严了！你俩合适，郎才女貌，完美的结合！"（有眼不识泰山　守口如瓶　没的说　天作之合）

7. 公司资金短缺，你和同事谈自己工作中的烦恼："项目给我了，可资金不给，没钱办不了事呀，两手空空地去干哪？让我到社会上去集资，可这个项目是有风险的，万一失败，钱就没了，想一想，谁受得了哇？这种事我可干不出来！"（到位　巧妇难为无米之炊　空手套白狼　打水漂儿　将心比心　不落忍）

8. 你的公司资金短缺，朋友答应借你一笔钱，你大喜："没钱办不了事，就缺钱啦！这个时候你能帮我，我真不知道说什么好了！没想到我的支持者远在天边，近在眼前哪！这样我就放心了。"（巧妇难为无米之炊　万事俱备，只欠东风　助人一臂之力　踏破铁鞋无觅处，得来全不费工夫　后盾　一块石头落了地）

拓展练习

两人一组，根据以下各题的情境和对话提示设计表演内容，尽可能多地使用提示词语及本课学到的新熟语。

1. 小王看小李最近的状态像是在谈恋爱，于是主动询问。

小李：刚有点儿意思，先别说出去。等事情差不多了，我请客。

小王：没问题，我肯定不说。不过恋爱是你情我愿的事，想开点儿，能成最好，成不了也无所谓，别最后连朋友都做不成了。

△提示：苗头　捅破窗户纸　有眉目　没的说　守口如瓶　洒脱　到头来

2. 小王让小李去外边的单位找个翻译帮忙翻译外文资料。

小李：干吗找外人呢？你要找的人远在天边，近在眼前呢！小赵的外语绝对没问题呀。

小王：真的？我没看出来呀！没想到这么容易就找到了，这我就放心了。他就多干点儿吧，这活儿就交给他了。

△提示：舍近求远　没的说　有眼不识泰山　踏破铁鞋无觅处，得来全不费工夫　一块石头落了地　能者多劳

3. 王总问李总工程状况。

李总：什么都不缺了，就缺钱了。没钱就没法开工啊！这不，正到处找合伙人呢。你也知道，为了这个工程，前期的准备工作我们可以说是花了大钱了，没想到还是有了麻烦，工程刚刚进行得差不多了，合伙人的资金链却断了。忙了半天，最后很可能什么也得不到哇！

王总：为什么找别人呢？能帮你的人远在天边，近在眼前嘛！你有项目，我有资金，完美结合呀！不过咱们先别客气，责权利说清楚，这事不能糊涂。

△提示：万事俱备，只欠东风　巧妇难为无米之炊　花血本儿　好事多磨　有眉目　到头来　竹篮打水——一场空　舍近求远　助人一臂之力　天作之合　亲兄弟明算账　含糊

交际提示

一、提醒朋友做事要考虑后果，你可以这么说：

1. 贪多嚼不烂

A. 这个活儿不能着急，贪多嚼不烂，着急反而容易出错。

B. 贪多嚼不烂，你一下子接那么多的活儿，能保证工程质量吗？

2. 没有金刚钻儿，别揽瓷器活儿

A. 这个工作你没干过，你别随便就答应，没有那金刚钻儿，就别揽那瓷器活儿。

B. 没有金刚钻儿，别揽瓷器活儿，这事你要是干砸了，你在公司也就别待了。

3. 竹篮打水——一场空

A. 你呀，又在做美梦呢，结果肯定是竹篮打水——一场空。

B. 这事我希望你三思而后行，因为我怕你最后是竹篮打水——一场空。

4. 脑子一时发热

A. 你可别脑子一时发热就答应他，万一做不到呢？

B. 你可别脑子一时发热就辞职，要是找不到新工作，你喝西北风啊？

二、朋友遇到挫折感到泄气时，你可以这样安慰或者鼓励他：

1. 既来之，则安之

A. 既来之，则安之，这儿的条件不算好，但公司老板和同事都不错。

B. 先别急着辞职，虽然赚钱不多，但活儿也不累，既来之，则安之吧。

2. 万事开头难

A. 万事开头难，过段时间你就明白，这个工作挺容易的。

B. 你可别泄气，万事开头难，谁都有从新手到老手的过程。

3. 好事多磨

A. 好事多磨，你以为找个爱人成个家就那么容易呀？

B. 好事多磨，既想赚钱，还不费力，哪有那好事？

4. 助人一臂之力

A. 你别紧张，我们会在台下助你一臂之力的。

B. 你担心什么呀？不是还有这么多朋友吗？关键时刻哪个不都得助你一臂之力呀！

5. 后盾

A. 有我做后盾，你还担心什么？

B. 你放心，我给你找个后盾，这个人绝对能帮上你。

第十三课　识时务者为俊杰

热身

讨论：

1. 你对行业间的竞争与合作是怎么看的？
2. 与人合伙做生意前，应该注意些什么？

交际提示：

1. 提醒朋友抓住机会，该如何表达？
2. 怎样形容与竞争对手的复杂关系？

课文

（陈总和王伟在陈总办公室）

王 伟：建业公司的老总让我给您捎个话，想和您谈一谈。

陈 总：他们**葫芦里卖的什么药**？有饭大家吃，有生意大家做。咱们和他们**井水不犯河水**，为什么三番五次来捣乱[1]？

王 伟：如果说咱们对他们的生意没影响，这也不现实。人家在这儿干得有年头儿了[2]，咱们是来抢人家饭碗的，肯定把咱们视为**眼中钉**。这次捎话要和您谈谈，就是为了避免恶性竞争。他说了，**不打不相识**，他很想交您这个朋友。这事您别赌气，**冤家宜解不宜结**，您还是和他见一面吧。

陈 总：合作不是没有可能，可合作是你情我愿的事，他总不能**一厢情愿**吧？我担心他们是来者不善！你不知道，上次他们派人来，居然为咱们划定经营范围，你说这不是胡闹吗？我当时就把人轰出去了。他们是**不到黄河不死心**，这次不知又要**耍**什么**花招儿**。

王 伟：要论人脉[3]，人家比咱们广，这是咱们的软肋[4]。现在他主动找上门来谈合作，您别**上赶着不是买卖**，**过了这村儿，可就没这店儿了**。等到您去找人家，那条件可就大**打折扣**了。

陈 总：合作的事我不是没有想过。市场竞争如此激烈，如果还小作坊式地单打独斗，早晚被淘汰。**识时务者为俊杰**，我当然明白。合作才能共赢，这么斗下去，只能是**鹬蚌相争，渔翁得利**。

王 伟：显然建业公司也看到了这一点，合作是最佳的解决办法，是**大势所趋**呀。

陈 总：只是这事不能急于求成，**心急吃不了热豆腐**。这一步万一走错，造成的损失可就无法挽回了。

王 伟：这个时候您可不能前怕狼，后怕虎[5]，要**趁热打铁**，赶快定下来，要不然**夜长梦多**呀。

陈 总：也好，这样吧，你先和他们谈，摸摸他们的底儿。

王　伟：没问题，建业公司的总经理助理是我同学，就是他捎话给我的。我俩先谈，我会向他透露一下儿，咱们有合作的意向。

陈　总：谈的时候注意分寸，少说多听。别**信口开河**，言多必失[6]，尤其是不能乱许愿[7]。

王　伟：这您放心，我也不是小孩子了，病从口入，祸从口出[8]，这个心眼儿我还是有的。

陈　总：这事还要经公司的基层领导讨论一下儿，最终要根据少数服从多数的原则来决定。这不是小事，还是谨慎点儿好。小心驶得万年船[9]哪。

王　伟：明白，我也会注意的，不会一下子把底牌亮给对方的。

陈　总：我警告你，我**眼里不揉沙子**。谈的时候别为了好处**胳膊肘儿往外拐**！

王　伟：唉，您把我看成白眼儿狼[10]啦！当年我"北漂"最困难的时候是您拉了我一把。我哪能忘记？

陈　总：当年看出你是个人才，这些年的成绩也有目共睹，能有今天与你自己的努力也分不开。这次就看你的了。希望我没**看走眼**。

王　伟：陈总，我绝不会辜负[11]您对我的信任的。

陈　总：叫上大李，做个帮手。气势上不能输给他们，将来谈条件时有主动权。你放心，大李那个年轻人挺**有眼力见儿**的，不会给你添乱[12]的。

注释

1. 捣乱（dǎoluàn）：故意给人制造麻烦。
2. 有年头儿了（yǒu niántóur le）：很多年了。
3. 人脉（rénmài）：指人各方面的社会关系。
4. 软肋（ruǎnlèi）：比喻事物的薄弱环节。也说"短板"。

5. 前怕狼，后怕虎（qián pà láng，hòu pà hǔ）：形容做事顾虑太多，畏缩不前。

6. 言多必失（yán duō bì shī）：话说多了肯定会出错。

7. 许愿（xǔyuàn）：事前答应将来给对方某种好处。

8. 病从口入，祸从口出（bìng cóng kǒu rù，huò cóng kǒu chū）：吃东西不干净会生病，说话不注意会给自己带来灾祸。重点在后句。

9. 小心驶得万年船（xiǎoxīn shǐ dé wànniánchuán）：形容做事谨慎小心，才能永保平安。

10. 白眼儿狼（báiyǎnrláng）：比喻恩将仇报或无情、不懂得感恩的人。

11. 辜负（gūfù）：对不住（别人的好意、期望和帮助）。

12. 添乱（tiānluàn）：增加麻烦。

词语例释

1. 葫芦里卖的什么药（húlu li mài de shénme yào）

释义：比喻不知道对方的真实意图。

（1）小丽：把你手机给我看一下儿。

宋奇：你葫芦里卖的什么药，干吗要查我手机？

（2）李刚问宋奇："两家公司合作对双方都有好处，可成信公司为什么就不积极呢？他们葫芦里卖的什么药哇？"

2. 井水不犯河水（jǐngshuǐ bú fàn héshuǐ）

释义：形容双方互不干涉。

（1）李刚：老徐刚才找你，很生气的样子，你是不是招惹他了？

宋奇：不会呀，我和他井水不犯河水，这星期都没见过他。

（2）宋奇和妻子小丽商量："咱们还是再买一台电视机吧。有体育比赛的时候，咱们各看各的，井水不犯河水，省得你总和我争。"

3. 眼中钉（yǎnzhōngdīng）

释义：比喻心目中最痛恨、最讨厌的人。常与"肉中刺"连用。

（1）宋奇告诉李刚："当年小胡也喜欢小茹，但他没有你的胆量。后来你进了公司，明目张胆地追小茹，他当然把你视为眼中钉了。"

（2）宋奇和李刚谈关于成信公司合作的事，宋奇说："那家外企把咱们看成眼中钉。咱们本来和成信公司谈得差不多了，他们突然插进来，也要和成信公司合作，处处给咱们添乱！"

4. 不打不相识（bù dǎ bù xiāngshí）

释义：因为争斗而认识，甚至成为朋友。

（1）李刚请老徐吃饭，向老徐道歉："过去我说话不注意，惹您生气，咱们不打不相识，今后都是朋友，以后工作中还需要您多多关照。"

（2）李刚：谈谈你的恋爱经历呗，你和嫂子是怎么认识的？
宋奇：我们俩也是不打不相识。当年都着急上班，抢一辆出租车，互不相让。打到最后是两人同车上班。这不，现在是两人同一个屋檐下生活。

5. 冤家宜解不宜结（yuānjia yí jiě bùyí jié）

释义：敌对的双方应该努力消除彼此的怨恨而不是继续产生怨恨。

（1）宋奇：请老徐吃饭了？
李刚：请了，冤家宜解不宜结，要不然每次去他那里办事都别别扭扭的。

（2）小丽：朱师傅人不错，但他儿子我不喜欢，他公司的活动我不想参加。
宋奇：公司刚开业，需要有人捧场。这个时候不露面，你俩的矛盾也就公开了。冤家宜解不宜结，咱们去送个红包，说几句吉利话，矛盾化解了，以后和朱师傅还得走动呢。

6. 一厢情愿（yìxiāng-qíngyuàn）

释义：处理彼此有关的事情时，只管自己愿意，而不考虑对方的意愿。泛指办事时只从主观愿望出发，不考虑客观条件。

（1）小丽：咱们是不是给儿子报个兴趣班？是学钢琴，还是画画儿？
宋奇：孩子教育上你别一厢情愿，还得看他自己愿意不愿意。

（2）小丽：等咱儿子上学了，给他选个好学校，咱也买个学区房。
宋奇：你这是一厢情愿。学区房贵得离谱，就咱俩挣的那点儿死工资，想买学区房，简直是白日做梦！

7. 不到黄河不死心（bú dào Huáng Hé bù sǐxīn）

释义：比喻没有达到目的或不到绝境决不放弃。

（1）宋奇陪妻子小丽逛商店。他已经累得走不动了，小丽还没有停下的意思。
宋奇：咱回去吧，下次再来？
小丽：不行，要么买到风衣，要么把这条街所有商店都逛遍。
宋奇：你可真是不到黄河不死心哪！

（2）李刚跟宋奇讲追小茹的经历："她为了躲避我，从原来那个公司辞职，当时有人劝我算了吧。可我就是不到黄河不死心，我必须看到她嫁人，要么嫁我。就这样，我又追到这里。"

8. 耍花招儿（shuǎ huāzhāor）

释义：使用狡猾骗人的手段。也说"耍花样"。

（1）交过装修预付款后，小丽对宋奇说："我担心他们耍什么花招儿，他们采购的材料你盯着点儿。"

（2）放学后，小丽对儿子说："你老老实实把这50道计算题做完，别耍花招儿。"

9. 上赶着不是买卖（shànggǎnzhe bú shì mǎimai）

释义：处理相互的关系时，因一方积极主动反使得另一方反应冷淡或不愿接受。

（1）周末，小丽为了让丈夫陪自己逛商店，主动提出为丈夫买酒。没想到宋奇以赶写材料为由拒绝了。小丽生气："嘿，上赶着不是买卖，有志气你把酒戒了！"

（2）李刚：和成信公司合作的事谈得怎么样啦？

宋奇：先晾他们一下儿，上赶着不是买卖。咱们越主动，他们反而要价越高。

10. 过了这村儿，可就没这店儿了（guòle zhè cūnr，kě jiù méi zhè diànr le）

释义：形容机会失去就不会再有了。用于警告人机会难得，应该抓住。

（1）宋奇：怎么回来这么晚？

小丽：旁边新开了一家超市，东西半价，我怕过了这村儿，就没这店儿了，也抢了几样东西，没想到排队交款就花了一个小时。

（2）宋奇跟妻子商量："公司有几个出国进修的名额，我想争取一下儿。你也知道，过了这村儿，可就没这店儿了，再过几年，我的年龄就有点儿大了。"

11. 打折扣（dǎ zhékòu）

释义：比喻不完全按规定的、已承认的或已答应的来做。

（1）李刚为了买房子想把车卖了。二手车市场老板仔细看了他的车，说："您这是事故车，大修过，价钱上肯定要大打折扣，您再好好考虑考虑吧。"

（2）小茹说："当初咱俩谈恋爱时可有言在先，结婚时要有房有车。现在倒是都有了，不过房子是二手的，车是破车。条件是不是有点儿低？" 李刚开她玩笑："说这话的时候你才二十多岁，现在快三十了，条件当然要打点儿折扣啦。"

12. 识时务者为俊杰（shí shíwù zhě wéi jùnjié）

释义：能够认清当前形势的人才是杰出的人物。

（1）同事劝张老师参加多媒体培训班："多媒体教学是发展方向，还想一支笔一本教案当老师就落后于时代了。识时务者为俊杰！"

（2）宋奇把一本菜谱交给李刚，对他说："这是我给你的结婚礼物。好好学学吧，现在已经不是男主外、女主内的时代了。识时务者为俊杰，再放不下男人的架子，小茹可就甩了你了。"

13. 鹬蚌相争，渔翁得利（yùbàng-xiāngzhēng，yúwēng-délì）

释义：比喻双方相争，让第三方得了好处。

（1）看李刚和小茹闹别扭，宋奇一旁笑了。

李刚：你不帮我解释，反而看热闹。

宋奇：我特喜欢你俩吵架。你俩一吵完，就会有人求我出面调解呀、传话呀，当然也少不了我的好处。鹬蚌相争，渔翁得利。我估计今晚有个傻瓜要请我喝酒了。

（2）宋奇和李刚聊和成信公司合作的事，宋奇说："本来谈得差不多了，可又来了一家外企，也想跟他们合作。成信公司反而不着急了，就等着谁给的价码高了。你说这不是鹬蚌相争，渔翁得利吗？"

14. 大势所趋（dàshìsuǒqū）

释义：事情发展形势的必然要求。

（1）宋奇把菜谱交给李刚，告诉他："马上成家了，不能总叫外卖，该学学怎么做饭了。男人干家务也是大势所趋呀！”

（2）年轻老师提醒张老师：“多媒体教学是大势所趋。得与时俱进了，否则会被时代淘汰的。”

15. 心急吃不了热豆腐（xīnjí chī bu liǎo rè dòufu）

释义：形容做事急于求成，反而不能达到目的。

（1）宋奇：儿子这钢琴练了两个月了吧？到现在我也没听出来弹的是什么曲子。

小丽：心急吃不了热豆腐，钢琴练的是指法，哪有一开始就弹曲子的？

（2）宋奇告诉妻子：“朱师傅的儿子去找我，让我帮着介绍业务，着急赚钱呢。我告诉他，心急吃不了热豆腐，创业初期，树立一个良好的公司形象更重要。”

16. 趁热打铁（chènrè-dǎtiě）

释义：比喻做事抓紧时机，加速进行。

（1）宋奇把车钥匙还给李刚，说：“昨天玩儿得不错，连你嫂子都感叹说有车是方便。”李刚说：“那你怎么不趁热打铁提一提买车的事？”

（2）宋奇把材料交给李刚说：“总经理对你的方案非常满意，我看他高兴，就趁热打铁提出给你加薪。他同意了。”

17. 夜长梦多（yècháng-mèngduō）

释义：比喻时间拖长，事情可能发生不利的变化。

（1）宋奇叮嘱李刚：“既然总经理同意这个方案了，那不如趁热打铁，赶快申请资金。我怕夜长梦多。一旦资金紧张，这个计划不知又要放到什么时候了。”

（2）李刚急着买礼物去见女朋友的父母，宋奇问他干吗这么急。李刚回答：“小茹能答应我去见她父母，这就意味着同意结婚哪，能不急吗？我怕夜长梦多！”

18. 信口开河（xìnkǒu-kāihé）

释义：随口乱说一气。

（1）宋奇提醒李刚：“总经理处理小陈就是因为他乱说话，所以你记住，上班时间别再信口开河了。”

（2）小丽：李刚说他下周结婚，是真的吗？

宋奇：他信口开河呢，他的话你也当真？他们什么时候结婚，你得听小茹的。

19. 眼里不揉沙子（yǎn li bù róu shāzi）

释义：比喻不能容忍人的过错和欺骗。

（1）小茹对李刚说：“原来你和别的女孩子怎么交往我不追究。现在咱们确定关系了，你就得注意分寸，我可是眼里不揉沙子的！”

（2）小丽警告宋奇：“咱们说好，酒少喝点儿可以，烟必须戒掉。我这人眼里不揉沙子，你要是当面一套，背后一套，别怪我不给你面子！”

20. 胳膊肘儿往外拐（gēbozhǒur wǎng wài guǎi）

释义：比喻不向着自家人而向着外人。

（1）小茹对一处装修不满意，要求工人拆掉重来。李刚不落忍，说算了吧。小茹把眼睛瞪起来，大声道：“你是我男朋友吗？怎么胳膊肘儿往外拐呢？”

（2）小茹说李刚偏向装修工人，引起小丽的感慨：“怎么跟宋奇一样，胳膊肘儿往外拐。我每次和小贩讨价还价，宋奇总在我身边拉我的衣袖，说‘差不多了差不多了’。小贩见状忙说‘还是这位大哥识货’。我站在那里倒像是个外人了。”

21. 看走眼（kàn zǒu yǎn）

释义：看错。

（1）宋奇：这就是你买的床单？洗完变成什么颜色了？还把其他衣物染了！

小丽：你就别抱怨了，算我看走眼了，下回不图便宜了！

（2）宋奇和小丽聊天儿："我没看走眼，李刚是个值得结交的朋友。"

22. 有眼力见儿（yǒu yǎnlìjiànr）

释义：有见机行事的能力。

（1）晚上临睡前，小丽对宋奇说："你发现了吗？咱儿子也有眼力见儿了。看我今天不高兴，你看他吃饭的时候多乖呀，不用我逼着他了。"

（2）宋奇到李刚的办公室转悠，小茹也在。小茹开玩笑地对李刚说："李刚，你怎么那么没有眼力见儿呢？领导进来半天了，你也不给领导搬把椅子，倒杯茶，你不怕领导将来为难你呀？"

巩固练习

一、根据课文内容选词填空。

（一）

过了这村儿，可就没这店儿	鹬蚌相争，渔翁得利	眼中钉	趁热打铁
前怕狼，后怕虎	夜长梦多	打折扣	不打不相识	有年头儿了	软肋

建业公司在这儿干得____________，咱们是来抢人家饭碗的，肯定被视为____________。建业公司的老总捎话要和您谈一谈，就是想避免恶性竞争。他说了，____________，他很想结交您这个朋友。陈总，冤家宜解

不宜结，这是个机会，________啦。等到您去找人家，那条件可就大________了。他们人脉比咱们广，这是咱们的________。所以这事您不能________的，要________，赶快定下来，要不然________。谈好了，共赢；这么斗下去，只能是________。

（二）

添乱　眼里不揉沙子　言多必失　有眼力见儿　许愿　要什么花招儿
白眼儿狼　看走眼　心急吃不了热豆腐　小心驶得万年船　大势所趋

识时务者为俊杰，合作是________，只是这事不能急，________。我怕他们________。最好让大家讨论一下儿，最终根据少数服从多数的原则来决定。这不是小事，还是谨慎点儿好，________。这样，你先去和他们谈谈，摸摸他们的底儿。谈的时候注意分寸，别多说话，________，更不要信口开河地乱________。病从口入，祸从口出这个道理你应该明白。这次就看你的了。希望我没________。我还得警告你，我________，你要是敢当________，胳膊肘儿往外拐，我决不饶你。另外，把大李带上，做个帮手。这小伙子挺________的，不会给你________的。

二、根据所设情境用提供的词语表达。

1. 没有工作往来的同一公司的同事小李给你打电话，说要约你谈谈，语气很不客气，你觉得莫名其妙。朋友告诉你："怎么能说莫名其妙呢？都是因为你乱说话！小李是小娜的男朋友，两人交往很多年了，是你玩笑开大了，自我感觉不错地说喜欢小娜，他当然把你视为情敌了。这回明白什么叫说错话了吧？解释一下儿，赶紧消除误会，说不定还能交个朋友呢。"（井水不犯河水　信口开河　有年头儿

了　捣乱　一厢情愿　眼中钉　病从口入，祸从口出　冤家宜解不宜结　不打不相识）

2. 朋友有一个出国锻炼的机会，可他想把手里的大项目做完再走。你提醒他："出国机会难得，错过了就没了。将来想升职，出国培训的经历是考核的重要一条。认清形势，我劝你赶快出去，我怕时间长了有意外。万一领导看你犹豫把名额给别人了呢？那个小王为了争取一个名额，又去找经理了，他是不甘心哪！而你呢，还不懂得珍惜！该怎么做，你好好想想吧。"（过了这村儿，可就没这店儿了　大势所趋　识时务者为俊杰　夜长梦多　不到黄河不死心　何去何从）

3. 朋友指责你："你什么意思呀？人家女孩儿父母请你去家里做客，你却三番五次地推托，不愿意呗？你既然喜欢人家，还不赶快去人家里求婚？你这么拒绝人家的好意，你就不怕女孩儿和你吹了？我现在命令你赶快带上礼物，去见你未来的岳父母。说点儿好听的，懂点儿事。"（葫芦里卖的什么药　上赶着不是买卖　趁热打铁　辜负　嘴甜　有眼力见儿）

4. 你刚参加工作，父亲教导你："记住，人际关系很重要。要广交朋友，建立自己的社会关系。毕竟是刚步入社会，这是你的弱势。还有，工作中多做少说，别乱说话，说多了难免出错，给自己找麻烦哪！要懂事，别给领导找麻烦，尤其是不要说不负责任的话，这是最招人讨厌的。"（天时不如地利，地利不如人和　人脉　软肋　信口开河　言多必失　病从口入，祸从口出　有眼力见儿　添乱　风凉话）

5. 同事问你，和成信公司合作的事谈得怎么样了。你告诉同事："这种事哪那么容易。本来是一件双赢的事，没想到越积极越坏事，成信公司反而不急了。主要是因为一家外企也要和他们合作，而且出价比咱们高。这么一争，成信公司两边都不放手，就等着谁能出更高的价了。你说这不是添麻烦吗？"（好事多磨　上赶着不是买卖　鹬蚌相争，渔翁得利　脚踩两只船　添乱）

6. 多家公司要与你的公司合作，你作为领导，表现得很谨慎。你对助理说："这事不能急，着急反而成不了事。毕竟是大投资，可以说是全部投入，一定要谨慎。谨慎能保永久的平安哪！这些人突然一起来找咱们谈合作，反而弄得我心中没底了，不知他们什么意思。我怕有人背后玩儿阴谋。最近几笔生意失败，弄得我害怕这个害怕那个的了。”（心急吃不了热豆腐　孤注一掷　小心驶得万年船　一窝蜂　葫芦里卖的什么药　耍花招儿　前怕狼，后怕虎）

拓展练习

两人一组，根据以下各题的情境和对话提示设计表演内容，尽可能多地使用提示词语及本课学到的新熟语。

1. 小李刚到一家公司工作，一位公司前辈老张总跟他过不去，他跟要好的同事小王诉说自己的烦恼。

小李：老张怎么回事？几次开会讨论我的方案他都挑刺，阐述的理由也毫无根据，简直是胡闹！我也没得罪过他啊！太莫名其妙了！

小王：他在公司干的时间挺长的，你现在这个职位原本定的是他，你一来，他升职的事就泡汤了，自然就看你不顺眼了。他也不是不讲道理的人，就是心里一直过不去。你找机会跟他好好儿聊聊，没准儿心结就打开了，也许还能交个朋友呢！刚来公司，你这人际关系还是得注意。

△提示：捣乱　胡搅蛮缠　井水不犯河水　摸不着头脑　有年头儿了　眼中钉　冤家宜解不宜结　心平气和　不打不相识　人脉　软肋

2. 小李和媒人的对话。小李准备结婚的时候，女方小张的父母提出的一些条件让他为难。

小李：小张看我为难，过意不去，替我求她妈，结果她妈说她向着外人，骂她忘恩负义。

媒人：婚姻大事哪那么容易？父母把孩子养这么大，如今要离开了，哪能那么痛快？你俩般配，没人阻挡得了，别顾虑太多了，小张这么好的女孩儿很难再有了。听我的，带上见面礼，去求求你未来的丈母娘。嘴甜点儿，懂点儿事，看到你本人以后没准儿她妈会同意的。

△提示：不落忍　说情　胳膊肘儿往外拐　白眼儿狼　好事多磨　忍痛割爱　天作之合　前怕狼，后怕虎　过了这村儿，就没这店儿了　有眼力见儿

交际提示

一、提醒朋友抓住机会，你可以这样说：

1. 过了这村儿，可就没这店儿了

A. 有这个机会不容易，你要抓住，过了这村儿，可就没这店儿了。

B. 这时候你怎么还犹豫呢？过了这村儿，可就没这店儿了！

2. 识时务者为俊杰

A. 电子商务已经常态化，不接受不行了，识时务者为俊杰。

B. 识时务者为俊杰，你不只是要接受，还得向年轻人学习，否则就落后于时代了。

3. 大势所趋

A. 夫妻共同承担家务是大势所趋，你的老脑筋该换换了。

B. 与国际接轨是大势所趋，作为决策者，你必须有一点儿超前意识。

4. 前怕狼，后怕虎

A. 这事你要是前怕狼，后怕虎，机会可就没了。

B. 决策者得有魄力，前怕狼，后怕虎还行？

5. 趁热打铁

A. 要是这样的话，趁热打铁，把事定下来，免得他们反悔。

B. 这事得趁热打铁，你赶快去找他，就说你答应他的条件了。

6. 夜长梦多

A. 其他的事先放一放，这事重要，赶早不赶晚，免得夜长梦多。

B. 还是赶快把事定下来，我怕夜长梦多。

二、与竞争对手的复杂关系，你可以这么形容：

1. 井水不犯河水

A. 经过几次谈判，双方划定了经营范围，现在是井水不犯河水。

B. 我们倒是想井水不犯河水，但对方却一次次来制造麻烦。

2. 眼中钉

A. 市场这么小，我们来了，能不把我们视为眼中钉吗？

B. 两家公司都把对方看成眼中钉了，双方老板见面都不说话。

3. 不打不相识

A. 一开始也是互相看成眼中钉，现在又要谈合作了，不打不相识嘛。

B. 不打不相识，他们人脉广，我们技术强，双方领导商量着进一步合作。

4. 冤家宜解不宜结

A. 冤家宜解不宜结，对手可以变成朋友，竞争也能合作嘛。

B. 冤家宜解不宜结，双方各让一步，对谁都有好处。

5. 一厢情愿

A. 我们不想把他们看成对手，可这都一厢情愿，人家不这么认为呀。

B. 合作是你情我愿的事，只我们想有什么用，那不是一厢情愿吗？

6. 鹬蚌相争，渔翁得利

A. 双方现在都不赚钱，这种恶性竞争的结果只能是鹬蚌相争，渔翁得利。

B. 我们现在就是鹬蚌相争的关系，当然是渔翁得利了，高科技产品居然卖出了白菜价。

第十四课　人生不如意事十之八九

热身

讨论：

1. 人总会遇到一些自己解决不了的麻烦，不得不求助他人，想一想你求朋友做过什么事？
2. 你帮助朋友的原则是什么？在你帮助他时可能损害别人甚至自己的利益时，你还会帮助他吗？

交际提示：

1. 形容问题很容易解决，你可以怎么说呢？
2. 感叹人生不易以及岁月匆匆，你应该怎么表达？

课文

（老李是即将退休的工人，与张文海是老朋友。老李来张文海家做客。）

张文海：哟，老李啊，你怎么来了？

老　李：我是无事不登三宝殿[1]，求你帮忙来啦。

张文海：**咱俩谁跟谁呀**？能帮的话我绝没二话！

老　李：这个忙你肯定能帮，对你来说不难，小菜一碟[2]！是这样，我们单位这两年不是一直半死不活的吗？我本来想熬到退休算了，可**天不遂人意**，最近市区的厂房又卖了，准备迁到郊区去。

张文海：是吗？那不错呀，山清水秀[3]的，不正是养老的好去处吗？

老　李：你别逗了！我算了，这一去一回路上少说仨钟头。就我这把老骨头，**够呛**啊！

张文海：不会吧？我记得当年你一顿饭能吃五个馒头，百八十斤的麻袋夹起来就走，根本**不在话下**。

老　李：好汉不提当年勇[4]，身体开始**走下坡路**啦。就来你这儿，爬个四楼都累得够呛，上气不接下气[5]的。

张文海：岁月不饶人[6]哪！想当年刚认识你的时候，还是个天不怕地不怕的愣头儿青[7]呢。这一晃都三十多年啦！

老　李：可不吗，真是弹指一挥间[8]哪！年轻时哪知道"求人"这两个字怎么写呀！可是现在不也得求到您的门上来了吗？真是**此一时，彼一时**呀！

张文海：**这是怎么话说的**！人生不如意事十之八九，谁还没个难处哇？你就别**绕弯子**了，言归正传[9]吧。

老　李：单位不景气，又赶上拆迁，我就琢磨着挪动挪动，换个地方。**人挪活，树挪死**嘛。听说你们厂子还有岗位，我一下子就想到了你。**谁让**咱们是朋友**呢**？**肥水不流外人田**嘛。

张文海：这事恐怕够呛！一共就那么几个岗位，本单位的待岗职工都照顾不过来，安排你，**名不正，言不顺**哪。你这不是给我**出难题**吗？

老　李：**事在人为**，你是主任，要谁不要谁，还不是你**一句话的事**？

张文海：主任不假，可我也不能滥用手中的权力呀？大家民主选举把我推到这个位置上，我就不能辜负群众的希望。按理说你我是朋友，你有了难处我不能不帮，可做人要有原则，你不能让我犯错误哇。

老　李：对不起，我把问题想简单了。以为这么个小事，你也算是厂子里的顶梁柱[10]，不会为难呢。

张文海：你就别给我**戴高帽儿**了。我们几个领导也是再三权衡[11]，厂子里那几个职位要**尽**着困难职工安排。你只是上班远了点儿，还没到**上天无路，入地无门**的地步，你就别惦记了。

老　李：明白，**犯不着**为这么点儿事让你为难。

张文海：这样吧，你既然张了回口，我也不好**驳**你的**面子**。我们厂子你进不了，但我有个朋友搞房地产，需要个监理。钱不多，活儿不累，只是责任大点儿。你正好也有这个资质，你考虑考虑？

老　李：瞧，我就说这趟不会白来。你怎么好意思让我空手而归？

张文海：你也甭感谢我，不过是个**顺水人情**。对方能不能要你，还得看你的造化[12]。

注释

1. 无事不登三宝殿（wú shì bù dēng sānbǎodiàn）：比喻没事不上门。
2. 小菜一碟（xiǎocài-yìdié）：比喻很小的事情，容易解决。
3. 山清水秀（shānqīng-shuǐxiù）：形容风景优美。
4. 好汉不提当年勇（hǎohàn bù tí dāngnián yǒng）：真正的成功者不说过去辉煌的历史。
5. 上气不接下气（shàng qì bù jiē xià qì）：呼吸急促。也说“呼哧带喘”“气喘吁吁”。
6. 岁月不饶人（suìyuè bù ráo rén）：岁月无情，人很快就老了。

7. 愣头儿青（lèngtóurqīng）：做事鲁莽的年轻人。

8. 弹指一挥间（tánzhǐ yì huī jiān）：比喻时间过得极快。

9. 言归正传（yánguīzhèngzhuàn）：说话或写文章回到正题上来。

10. 顶梁柱（dǐngliángzhù）：比喻起主要作用的骨干力量。

11. 权衡（quánhéng）：衡量，考虑。

12. 造化（zàohua）：福气；运气。

词语例释

1. 咱俩谁跟谁呀（zán liǎ shéi gēn shéi ya）

释义：意思是两个人关系好，不分彼此。同样的表达方式还有“我俩谁跟谁呀”“你俩谁跟谁呀”“他俩谁跟谁呀”。

（1）宋奇：李刚，我得感谢你，我这次升职加薪，离不开你的支持。

李刚：咱俩谁跟谁呀！我去你家蹭吃蹭喝，你和嫂子有过一句怨言吗？

（2）李刚：你这茶叶不错呀！在哪儿买的？

宋奇：都拿去吧，咱俩谁跟谁呀，你就别买了。

2. 天遂人意（tiān suì rényì）

释义：世事正合人心意。

（1）李刚：大学毕业的时候我答应我妈，二十五岁成家立业，现在都快三十了，还一事无成。没办法，天不遂人意呀。光追女朋友就追了两年。

宋奇：小茹也答应你的求婚了，这也算是天遂人意了。

（2）周末公司集体郊游，李刚负责安排。他说出担心："就怕天不遂人意，万一下雨怎么办？"

3. 够呛（gòuqiàng）

释义：（1）程度严重，让人受不了；（2）事情很可能不会如愿。

（1）公司集体郊游，宋奇问李刚都有什么项目。李刚说有水上乐园，还有爬山。宋奇说："天热得够呛，这时候爬山还不中暑？就玩儿玩儿水吧。"

（2）宋奇告诉李刚："和成信公司合作的事恐怕够呛了。对方的态度始终很暧昧，合作的意愿不强烈。"

4. 不在话下（búzài-huàxià）

释义：指事小，不值得说；也指事情当然如此，用不着说。

（1）李刚：问题解决了吗？

宋奇：总经理打了个电话对方就同意了。唉，对咱们来说天大的困难，到了领导那里都不在话下。

（2）宋奇：最近我的电脑总死机，你是不是帮我修一下儿？

李刚：不在话下，交给我吧。

5. 走下坡路（zǒu xiàpōlù）

释义：越来越不好了。

（1）宋总：怎么和建业公司搞得这么僵？

陈总：建业在这儿干得有年头儿了，生意一直不错。自从我们公司来了以后，他们的生意就开始走下坡路了。肯定把我们视为眼中钉啊。

（2）小丽和丈夫宋奇聊天儿："咱可不能早早给儿子买手机，邻居的孩子自从买了手机，天天玩儿游戏，学习成绩就开始走下坡路了。"

6. 此一时，彼一时（cǐ yì shí，bǐ yì shí）

释义：这时的情况不同于那时的情况，指时间变了，情况也发生了变化。

（1）周六逛街，妻子小丽买来矿泉水，递给丈夫说："谈恋爱的时候，咱俩逛街，都是你照顾我。现在反过来了，为了让你陪着我，一会儿得给你买瓶水，一会儿给你弄个汉堡。真是此一时，彼一时呀！"

（2）李刚：听说谈合作的时候遇到老同学了？变化大不大？

宋奇：太大了，可以说是此一时，彼一时呀！大学的时候他学习成绩不如我，总向我借笔记，现在人家是技术骨干，公司副总！

7. 这是怎么话说的（zhè shì zěnme huà shuō de）

释义：（1）否定对方的话；（2）觉得事情出人意料，认为不该如此。

（1）宋奇看电视剧时发表了"对婚姻不能有太高要求"的感慨。

小丽：和我凑合着过了这么多年，委屈你了。要不要我放手，让你去追求你那完美的前女友？

宋奇：这是怎么话说的！我就是泛泛而论，你别对号入座呀！

（2）李刚：朱师傅兼职的事被领导知道了，不仅挨了批评，还扣了奖金。是不是下手太狠了！

宋奇：这是怎么话说的！我提醒过他，搞技术的，不能在外边兼职呀！

8. 绕弯子（rào wānzi）

释义：比喻不直接说话。也说"拐弯抹角"。

（1）小丽：你的酒可不多了，该买什么酒我也不懂啊？

宋奇：你就别绕弯子了，就是想让我陪你逛街呗？

（2）小丽和丈夫宋奇聊天儿："你呀，绕了半天弯子，说来说去还是想买车呗？"

9. 人挪活，树挪死（rén nuó huó，shù nuó sǐ）

释义：比喻人改变一下儿生活方式或工作换个环境，会更有活力。

（1）小丽告诉宋奇："我爸妈打算把这里的房子卖了，然后去海南买房子，说那儿气候好，适合养老。还说人挪活，树挪死，一辈子不能总待在一个地方。"

（2）宋奇告诉小丽："朱师傅找兼职的事被领导知道后挨了批评，他想干脆辞职不干了，换个新工作，说是人挪活，树挪死。我劝他再好好想想。"

10. 谁让……呢（shéi ràng…ne）

释义：反问的语气，指出做某事或出现某种情况的原因，语气上含有无奈或必须如此之意。

（1）李刚：这不公平吧，嫂子带孩子去看电影，却让你干家务？

宋奇：唉，谁让我骗她了呢？上周和朱师傅出去玩儿麻将，我骗她说去加班了。

（2）李刚为了购房首付，从宋奇那儿借了一大笔钱，他表示感谢。宋奇让他别客气："谢什么呀，谁让咱们是朋友呢？"

11. 肥水不流外人田（féishuǐ bù liú wàirén tián）

释义：比喻好处不给外人。

（1）小茹告诉宋奇："公司要拍广告，需要几个儿童。让你儿子也来吧，肥水不流外人田，也让你儿子挣他人生中的第一笔钱。"

（2）李刚宣布："总经理说了，公司要处理一批办公用品，肥水不流外人田，单位员工只要象征性地交点儿钱就可以把自己想要的搬回家。"

12. 名不正，言不顺（míng bú zhèng，yán bú shùn）

释义：名义不对，不合道理。反义词"名正言顺"。

（1）宋奇：你去给质检部新来的几个年轻人强调一下儿纪律，上上必修课。

小茹：质检一直是李刚负责的，我去上课好像名不正，言不顺吧？

宋奇：李刚有别的事。你是部门老人，给年轻人上课名正言顺。

（2）老朱和老伴儿闲聊时说到房子的话题。

老朱：你看咱们将来是把房子留给儿子，还是女儿？

老伴儿：这要看咱们老了和谁住在一起了。和谁住在一起，谁照顾咱们肯定要多些，把房子留给他也名正言顺，是不是？

13. 出难题（chū nántí）

释义： 为难人。

（1）宋奇：明天你带儿子去打预防针吧，我公司还有点儿事。

小丽：你这不是给我出难题吗？你明明知道我晕针，自己打针都怕，儿子打针更怕！

（2）李刚：朱师傅的儿子找你什么事？

宋奇：给我出难题呗。他想把咱们公司的业务揽过去，可咱们的业务已经承包给别人了，对方很讲信誉，没理由中止合作呀。

14. 事在人为（shìzàirénwéi）

释义： 事情能否成功，取决于人是否努力去做。

（1）宋奇：朱师傅，我儿子的幼儿园您是怎么找到的？

老朱：事在人为，我把这些年带过的徒弟都通知了一遍，让他们帮我想办法。结果，一个徒弟的老婆就是那家幼儿园的负责人。

（2）董事长把宋奇找去，告诉他："和成信公司合作的事需要加大力度了。合作的话双赢，像现在这样恶性竞争，对谁都没有好处。你不是和他们的副总经理是大学同学吗？联络一下儿感情。事在人为，多些耐心和诚心，一定会说服对方的。"

15. 一句话的事（yí jù huà de shì）

释义：很容易解决的事。

（1）李刚：我婚礼的时候想让嫂子作为娘家人帮着张罗一下儿，我是不是跟她说一声？

宋奇：不用，你忙你的吧，我跟她说，一句话的事。

（2）宋奇：你嫂子想带她父母去南方转转，你同学不是在旅行社吗？让他帮我们安排一个实实在在的旅游路线，别总是购物什么的。

李刚：行，一句话的事，我这就给他打电话。

16. 戴高帽儿（dài gāomàor）

释义：比喻对人说恭维抬举的话。

（1）小丽：你炒菜好吃，今天还是你下厨吧？

宋奇：又给我戴高帽儿，你就是不想干活儿！

（2）李刚：咱们这些人里数你资历老，能力强，你不当这个部门经理谁当？

宋奇：你甭给我戴高帽儿，说吧，想让我帮你干什么？

17. 尽（jǐn）

释义：让某些人或事物尽量优先（有时跟“着”连用）。

（1）妻子切了西瓜，喊宋奇和孩子来吃，宋奇说：“尽着你和儿子吃，剩下我吃，剩不下我就不吃了。”

（2）宋奇：什么时候带儿子去游乐场？

小丽：只能尽着你的时间，我和儿子随时都可以。你看哪个周末你不加班，咱就哪天去呗。

18. 上天无路，入地无门（shàng tiān wú lù，rù dì wú mén）

释义：形容处境困难，找不到出路。也说“叫天天不应，叫地地不灵”。

（1）李刚说起自己的一次自驾游：“中间迷路了。也不知到了哪里，车突然熄火了。当时夜深，手机信号还不好，四周一片黑暗。那时才体会到什么叫上天无路，入地无门！幸好遇到几位农民大哥，帮我把车推到他们村子，还安排我住了一晚。这几位大哥现在我们还有联系。”

（2）宋奇出差，给妻子打电话，告诉她钱包和手机都丢了，让她给宾馆转一笔钱。宋奇感叹说：“我现在是上天无路，入地无门，没了手机现在什么也做不了。”

19. 犯不着（fànbuzháo）

释义：不值得；没必要。也说“犯不上”。

（1）宋奇跟妻子说：“我不愿意去路边的小贩那里买菜。为了几毛钱和小贩讨价还价，我觉得犯不着。不如去超市，明码标价，谈不上吃亏占便宜，省心！”

（2）因为和儿子赌气，小丽不吃晚饭了。丈夫宋奇劝她：“孩子淘气，你犯不上真生气呀！你就是真生气了，也犯不着绝食呀！”

20. 驳面子（bó miànzi）

释义：不给情面。

（1）老伴儿：儿子想把宋奇公司的业务揽过来，你是不是求求宋奇？

老朱：不行，凭着咱家和他这么多年的交情，他不好驳我的面子，可我也不想让他为难。

（2）李刚给宋奇出主意：“你也升职了，也加薪了，嫂子还不同意买车？我下次去你家时，你向我借车，然后我驳你面子不借，刺激她一下儿。”

21. 顺水人情（shùnshuǐ-rénqíng）

释义：自己不花气力，顺便给的人情。

（1）新来的同事感谢李刚帮忙找到了房子。李刚说："你不用谢我，这也是顺水人情。朋友出国了，让我帮忙照看房子，给花儿浇浇水什么的。你住在这儿，反而省了我的事儿，我该感谢你才对。"

（2）临下班，宋奇把李刚叫来，让他陪客户吃饭，顺便也把自己的晚饭解决了。李刚表示感谢。宋奇说："谢什么呀，我这不过是个顺水人情。"

巩固练习

一、根据课文内容选词填空。

（一）

人挪活，树挪死　够呛　岁月不饶人 肥水不流外人田　天不遂人意　一句话的事　走下坡路

人生不如意事十之八九。本来我想熬到退休算了，可是＿＿＿＿＿＿，工厂又迁到郊区去了，坐车来回得仨钟头。俗话说，＿＿＿＿＿＿哪！这几年身体开始＿＿＿＿＿＿了，连上个四楼都累得＿＿＿＿＿＿，上气不接下气的。路途这么远，我哪受得了？所以想换个工作，＿＿＿＿＿＿嘛。我也不绕弯子了。听说你们厂子还有岗位，我就想到了你。谁让咱们是朋友呢，＿＿＿＿＿＿嘛。事在人为，你是主任，安排个工作还不是＿＿＿＿＿＿？

（二）

权衡　驳你的面子　上天无路，入地无门
顺水人情　出难题　够呛　造化　戴高帽儿　名不正，言不顺

这事恐怕__________，自己厂子的待岗职工不安排，而安排你，__________哪？你这不是给我__________吗？你甭给我__________，我是主任不假，可我也不能滥用手中的权力呀？厂子里那几个职位我们几个领导也是再三__________，要尽着困难职工安排。你只是上班远了点儿，还没到__________的地步，你就别惦记了。这样吧，你既然张了一次口，我也不好__________，我有个朋友搞房地产，你去做监理吧。用不着谢我，不过是__________，人家能不能要你，还得看你的__________。

二、根据所设情境用提供的词语表达。

1. 朋友来做客，你告诉他："我知道，你来肯定有事。你直说，是不是要借钱？我说实话，要是借个百八儿的，我没二话；要是借得多，恐怕不成，只能不给你面子了。这个月我虽然还没到艰难的地步，但也要节俭过日子了。"（无事不登三宝殿　绕弯子　够呛　驳面子　上天无路，入地无门　勒紧腰带）

2. 面对雄心勃勃的年轻人，你感叹说："岁月无情啊，这么快就老了。我像你们这个年纪时也有过很多梦想，可老天不帮忙，到最后一事无成。都说人生不如意事十之八九，这话是对的。"（岁月不饶人　天遂人意　到头来）

3. 妻子和丈夫商量全家郊游的事："工程的事也差不多了，你这个骨干是不是可以歇歇了？你还记得咱们全家上次郊游是哪年吗？好多年了吧？最近咱们是不是找个风景优美的地方全家出去玩儿一次呀？我和孩子们的时间比较灵活，尽量根据你的时间安排。"（有眉目　顶梁柱　有年头儿了　山清水秀　尽着）

4. 一家人爬山，儿女们夸奖父亲还像年轻时一样棒。父亲叹道："不提当年了，当年像这种山，根本不在眼里！现在不一样了，身体不行了，刚爬了一半就累得不行，爬一会儿就得歇一会儿，快一点儿就喘不上气来了。岁月无情啊！记得第一次爬这个山的时候还是你们这个年纪呢，时间过得多快呀！"（好汉不提当年勇　不在话下　此一时，彼一时　走下坡路　够呛　上气不接下气　岁月不饶人　弹指一挥间）

5. 你回到家，在爱人面前抱怨小李："我今天去求他办点儿事，没想到他不给我面子，说什么我为难他，这么做道理说不过去。他刚来公司时哪是这个样子？真是变了呀！算我看错人了！"（驳面子　出难题　名不正，言不顺　此一时，彼一时　看走眼）

6. 你帮朋友找了一个家教的工作，朋友感谢你。你告诉他："这就不对了，不过是顺便的事，小事一件，谢什么呀？咱俩什么关系呀，有好事当然想着朋友了。再说人家能不能用你，还得看你自己的运气。"（这是怎么话说的　顺水人情　小菜一碟　咱俩谁跟谁呀　谁让……呢　尽着　肥水不流外人田　造化）

7. 你的单位不景气，朋友开导你："事情要看你怎么做。有的时候人就是想不开，明明看着公司已经不行了，可不到无路可走的地步，还是不愿意离开。换个地方更好嘛，没必要指望着一家呀！你还怕没用武之地呀？像你这种人才，重新找个工作根本没问题！"（事在人为　洒脱　走下坡路　上天无路，入地无门　人挪活，树挪死　犯不着　一棵树上吊死　天生我材必有用　不在话下）

拓展练习

两人一组，根据以下各题的情境和对话提示设计表演内容，尽可能多地使用提示词语及本课学到的新熟语。

1. 老李到老王家做客，有事相求。

老李：我是有事来找你，求你帮忙来啦。儿子待在家里大半年了，这孩子做事鲁莽，闲得时间长了我怕闹出什么事来。我想你一个大经理，安排个工作还不简单？

老王：说什么呢，咱俩的关系，说什么求哇，我还敢不给你面子？朋友的公司缺个销售，让你儿子去试试吧。也不用谢我，不过是个顺便的事。人家能不能要他，还要看他的运气。

△ 提示：无事不登三宝殿　宅　愣头儿青　一句话的事　这是怎么话说的　咱俩谁跟谁呀　驳面子　顺水人情　造化

2. 小李的公司效益不行，于是跟小王谈自己的工作。

小李：公司这两年越来越不好了，一直不景气。我也是考虑再三，要不要换个单位。

小王：如果是这样的话，没必要再干了。换个工作人更有活力嘛。你也是公司里的骨干，找个新工作应该容易。这事你交给我吧，咱们是朋友。我认识个公司老总，帮你安排个工作，轻而易举。

△ 提示：走下坡路　半死不活　权衡　犯不着　人挪活，树挪死　顶梁柱　不在话下　谁让……呢　一句话的事

3. 小李找小王借钱，小王给小李讲了一番花钱要算计的大道理，小李很生气。

小李：真是变了呀，当年我是怎么帮你的，你忘了？人生不如意事十之八九，我现在是陷入困境，考虑再三，才来找你，咱们是朋友哇。可没想到你不给面子，讲这些没什么用的大道理。算我看错人了，我不借了！

小王：怎么啦，批评你两句就生气了？咱俩什么关系呀？想当年我困难的时候你买点儿什么好吃的都让我先吃，我怎么能忘呢？真以为我是个忘恩负义的小人哪？好了好了，说正题，借多少？

△ 提示：此一时，彼一时　上天无路，入地无门　权衡　谁让……呢　驳面子

看走眼　这是怎么话说的　咱俩谁跟谁呀　尽着　白眼儿狼　言归正传

交际提示

一、形容问题很容易解决，你可以这样表达：

1. 小菜一碟

A. 不就是辅导小学生英语吗？小菜一碟，交给我吧。

B. 大小伙子，把十斤面粉扛上三楼，那不是小菜一碟吗？

2. 不在话下

A. 他是专家，修这么个小东西，肯定不在话下！

B. 你还是去问问他吧，他就是研究这个的，应该不在话下。

3. 一句话的事

A. 你真找对人了，他就负责这个工作，那不是一句话的事吗？

B. 他是大老板，安排个工作，当然是一句话的事啦！

二、感叹人生不易以及岁月匆匆，你可以这样表达：

1. 天不遂人意

A. 年轻时人生计划得也挺好，可天不遂人意，到老了才明白，哪那么容易呀？

B. 天不遂人意，你想得再好也没用。

2. 好汉不提当年勇

A. 好汉不提当年勇，现在哪还有那个力气啦？

B. 这点儿活儿，年轻的时候我根本不放在眼里！好汉不提当年勇，唉，不说了。

3. 走下坡路

A. 不承认老不行了，身体开始走下坡路啦！

B. 真是走下坡路了，去年扛这一袋大米上三楼还没什么感觉呢！

4. 岁月不饶人

A. 岁月不饶人哪，说老就老了。

B. 岁月不饶人哪，年轻的时候连续熬夜加班都没事儿，现在不行了。

5. 弹指一挥间

A. 时间过得太快了，咱俩认识时我还叫你小张呢，现在得叫老张了，这不是弹指一挥间吗？

B. 弹指一挥间，咱俩认识都快三十年了。

6. 此一时，彼一时

A. 唉，此一时，彼一时，那时候我根本就没把这些人放在眼里边。

B. 此一时，彼一时，过去的事就别提了。

第十五课　与时俱进

热身

讨论：

1. 你听说过广场舞吗？对广场舞你是什么态度？
2. 你见过街头巷尾一些戴着志愿者袖标的老人吗？知道他们是在干什么吗？
3. 你们国家的老人是怎样享受晚年生活的？他们都有什么消遣方式？

交际提示：

当有人求助于你，你感觉自己无能为力时，你怎样拒绝他？

课文

（周末赵映辉与林海学在咖啡馆聊天儿。）

林海学：你妈妈最近又电话催婚了吗？

赵映辉：没有，她现在顾不上我了，一心照顾我爸呢。我爸退休了。

林海学：是吗？老爷子对新的人生定位能适应吗？

赵映辉：开始不行，用他自己的话说，饱食终日，无所用心[1]，快成药罐子[2]了，就等着上西天[3]呢。

林海学：哎哟，这样可不行，得让他学会自我调节，调节生活，调整心态。

赵映辉：现在变化大了。我母亲逼着他去跳广场舞，最初他是**硬着头皮**去的，没想到很快就找到感觉了，加上大家夸他**有两下子**，有舞蹈天赋，还真把他夸出兴致来了。年轻时他参加过一些业余文艺表演，学过乐器，现在**派上用场**了，乐感特别好。天天晚上和一帮老头儿老太太切磋舞技，跟人家**叫板**，每天和我电话里聊的都是这个不行，那个**不是个儿**的。老人逞能[4]的时候不输咱们。我妈都有点儿后悔了，一再提醒他**悠着点儿**，运动量别太大了。

林海学：这是找到乐趣了。我爸也一样，刚退休那会儿也是**没着没落**的。大家劝他培养个业余爱好，他没选择琴棋书画，选择了厨艺。最初是给我妈**打下手**，现在成了我们家主厨了。上次回去说要给我**露一手**，我不信，说您做饭简直是**破天荒**了，谁敢吃呀！他骂我**门缝儿里看人**。你别说，耳听为虚，眼见为实[5]，等饭菜做出来，还真像回事，比我妈做得好吃。我说爸您可以开饭店了！老头儿嘴上骂我**捧臭脚**，心里别提多高兴了！

赵映辉：我爸是从领导岗位退下来的，我开玩笑说让他继续当领导，反正小区里那么多老年人呢。本来我是随口一说，没想到我爸**动真格的**了，开始张罗成立“老年之家”的事了。想把小区的老年人组织起来，一起搞些文体活动，还可以学一学怎样使用智能手机、怎样上网购物、怎样识别电信诈骗。为小区治安、垃圾分类什么的也出份力。

林海学：这是好事呀，既是享受人生，也是发挥余热，你得支持。

赵映辉：我当然支持。我现在是“老年之家”的顾问。我爸一向不待见[6]我，原来连个电话都很少给我打，现在不行了，每天一个电话。你说我**算老几**呀？哪配当这个顾问哪？可老爷子不干哪，非要我帮他设计呀、支着儿[7]什么的。我现在满脑子都是人员、场地、资金之类的。

林海学：老爷子这是看得起你，你别**不识抬举**！人老了，最怕的是孤单。多和老人联系沟通，也是回报父母的一种方式。

赵映辉：是呀，人老了以后，对新生事物先是惧怕，后是抵触，结果造成信息不畅，和社会脱节。所以现在吃亏上当的往往是老年人。

林海学：可不是。我爸就差点儿上当。上个月他接了个电话，是医院打来的，说我妈被车撞了，很严重，急需手术，必须先交两万块钱住院押金。说得**有鼻子有眼儿**的。幸亏我以前嘱咐过他，掏钱的事一定要和我商量。我告诉他这都是骗子玩儿的把戏[8]。你说要真是**不管三七二十一**把钱打过去，现在不**傻眼**了？

赵映辉：我父母也遇到这种事了。他们住的那个小区上年纪的人越来越多了，有人打上了他们的主意，借办养生讲座之名推销保健品，采取一些小恩小惠[9]的手段吸引老年人参加。有些老年人以为是白给的，**不要白不要**，可他们不明白，**羊毛出在羊身上**。结果**贪小便宜吃大亏**，不少人甚至把养老钱都赔上了。

林海学：别提了，我也正为这事发愁呢。前天我爸告诉我，我妈已经买了几万块钱的保健品了。他**使出了浑身解数**，百般劝阻，可我妈根本不买账[10]。他实在**没咒念**了，问我怎么办。平时我妈最听我的话了，可这次也不灵了。我刚一开口就**碰了一鼻子灰**，她声称花的是自己的钱，让我别狗拿耗子——多管闲事[11]。用我爸的话说，我妈现在变成老顽固了，**软硬不吃**，谁劝都白搭，是**不见棺材不落泪**呀！

赵映辉：**谋事在人，成事在天**，这种事做子女的也只能是尽力而为。对待父母，多些耐心吧。

林海学：看来你爸成立这个“老年之家”太有必要了。要增强老人的自我防护意识，同时用集体的力量抵制社会上的不良现象，不给不法之徒以可乘之机。

赵映辉：是呀，现在是一个飞速发展的时代，新生事物层出不穷[12]，如果不能与时俱进[13]的话，别说是老年人，就是年轻人，也有可能随时被淘汰呀。

注释

1. 饱食终日，无所用心（bǎoshí-zhōngrì，wúsuǒ-yòngxīn）：每天吃饱饭后就什么也不想了。贬义。
2. 药罐子（yàoguànzi）：比喻总生病吃药的人（含戏谑意）。
3. 上西天（shàng xītiān）：指人死去（含戏谑意）。
4. 逞能（chěngnéng）：显示自己能干。
5. 耳听为虚，眼见为实（ěr tīng wéi xū，yǎn jiàn wéi shí）：亲眼所见比听说的真实可信。也说“百闻不如一见”。
6. 待见（dàijiàn）：喜爱（多用于否定式）。
7. 支着儿（zhīzhāor）：给人出主意。
8. 把戏（bǎxì）：花招儿；蒙蔽人的手法。
9. 小恩小惠（xiǎo'ēn-xiǎohuì）：为了拉拢人而给人的一些小的好处。
10. 买账（mǎizhàng）：承认对方的长处或力量而表示佩服或服从。
11. 狗拿耗子——多管闲事（gǒu ná hàozi——duō guǎn xiánshì）：歇后语，管和

自己没关系的事。

12. 层出不穷（céngchū-bùqióng）：接连不断地出现，没有穷尽。

13. 与时俱进（yǔshí-jùjìn）：跟随时代进步。

词语例释

1. 硬着头皮（yìngzhe tóupí）

释义：不得已勉强做某事。

（1）周末，小丽一本正经地对宋奇说："我知道你不愿意逛商店，但你今天硬着头皮也得陪我去逛。今天要给你买件衬衫和一双鞋，你不去我怎么知道合适不合适？"

（2）李刚：玻璃栈道你真敢走哇？

宋奇：硬着头皮走下来的。没办法，在儿子面前吹了牛了。腿肚子都哆嗦了。好在儿子走在前面，没看见。

2. 有两下子（yǒu liǎngxiàzi）

释义：有能力。

（1）聚餐时宋奇夸李刚："行，李刚明显进步了，炒菜有两下子了！"

（2）宋奇嘱咐李刚："一会儿给客户买礼物的时候你叫上小茹，让她陪你去，她购物有两下子。"

3. 派上用场（pàishang yòngchǎng）

释义：有用。

（1）宋奇告诉妻子，李刚要借钱。妻子说："借钱可以，但一定要打个借条。我不担心他人品，我担心他记性。万一他忘了，借条就派上用场了。”

（2）李刚跟宋奇去见外商，路上他对宋奇道：“幸亏我上周买了一件高档西服，今天派上用场了。要不然那些老外总认为我是你的司机。”

4. 叫板（jiàobǎn）

释义：向人挑战或挑衅。

（1）李刚没什么酒量，用宋奇的话说，不喝正好，一喝就高。可他总爱跟人叫板，不是觉得这个喝得慢，就是那个喝得少。别人还没什么感觉呢，他先醉了。

（2）一早上班，李刚穿着一身运动装进来，小茹问：“经理一再强调，工作时间要穿西装打领带。你穿了这么一身衣服，是要向他叫板吗？”

5. 不是个儿（bú shì gèr）

释义：不是对手。

（1）招待完客户，宋奇对李刚道：“论喝酒，恐怕咱俩加起来也不是小茹的个儿。你看她，喝那么多酒，跟没事人似的。”

（2）一早上班，李刚发现宋奇躺在办公室沙发上，笑道：“又跟嫂子吵架了？”宋奇无奈道：“有什么办法，吵架我哪是她的个儿？只能躲出来。”

6. 悠着点儿（yōuzhe diǎnr）

释义：控制好程度，不使过度。

（1）小丽向小茹介绍为人妻的经验：“对老公你也不能一味地厉害，批评他也得悠着点儿。你就说上次，他喝酒回来晚了，我把他关在门外十分钟，然后就让他进门了。就想让他明白，自己做得不对。”

（2）小丽要考资格证，拼命复习，半夜了还坐灯下看书。丈夫心疼她，劝她悠着点儿，身体要紧。

7. 没着没落（méi zhuó méi luò）

释义：着落，指可以依靠或指望的方面。没着没落，意思是没有依靠或指望，空落落的。口语中“没着没落”通常读作“méi zháo méi lào”。

（1）下班，宋奇叫上李刚：“小茹出差了，晚饭没着落吧？跟我回家吧，让你嫂子做点儿好吃的。”

（2）李刚手机摔坏了，他急着要买一个，向宋奇借钱。

宋奇：你就不能等两天，等两天不就发工资了吗？

李刚：不能等。现在人哪离得开手机呀？离开手机饭吃不香，觉睡不着，没着没落的！

（3）宋奇：你的假期不是还有段时间吗？干吗急着上班呢？

小丽：不行，原来有孩子围着我转，我还觉得休息挺好的。现在孩子送幼儿园了，你上班一走，我一个人在家没着没落的，这么待下去，我会发疯的。

8. 打下手（dǎ xiàshǒu）

释义：担任助手。

（1）几家人聚餐，李刚对大伙说：“一会儿我主厨，宋奇大哥给我打下手，女士们就等着享受吧。”

（2）李刚求小茹：“你知道我外语不行，所以这个老外还是你接待吧，我给你打下手。”

9. 露一手（lòu yìshǒu）

释义：（在某一方面）表现能力。

（1）宋奇：李刚做饭还真上瘾了。

小茹：早就想露一手了，你们来了，终于给他机会了。

（2）小丽：朱师傅，我听说您现在广场舞跳得不错。

老朱：还行，一会儿我给你们露一手。

10. 破天荒（pò tiānhuāng）

释义：比喻事情第一次出现。

（1）李刚：董事长给每个员工发五千元的红包，这可是破天荒了。你知道为什么吗？

宋奇：他孙子考上了名牌大学，把他高兴坏了。

（2）几家聚会，到了中午，宋奇说出去找个地方解决午饭。李刚说不用，他下厨做饭。

宋奇：破天荒了，每次都是他张罗出去吃的。

小茹：自从你给他一本菜谱，天天研究做菜呢，上瘾了。

11. 门缝儿里看人（ménfèngr li kàn rén）

释义：小看人。可用于歇后语"门缝儿里看人——把人看扁了"。

（1）李刚将自己设计的方案顺利完成，令宋奇刮目相看。李刚得意地说："你原来总是门缝儿里看人，什么大项目都不交给我，让我始终没有施展才华的机会。"

（2）妻子小丽涨工资了，宋奇开她玩笑："了不起，赶上我一半收入了。"小丽说："刚当上部门经理，就学会门缝儿里看人了。要不是生孩子耽误了两年，我都当上总经理了！"

12. 捧臭脚（pěng chòu jiǎo）

释义：奉承人。

（1）李刚围着宋奇不停地说好话，宋奇摆摆手道："你甭捧臭脚，说吧，有什么事求我？”

（2）李刚：你妈昨天玩儿得高兴吗？对我有什么评价？

小茹：嘴上骂你挺会捧臭脚的，可我能看出来，心里高兴。

13. 动真格的（dòng zhēngéde）

释义：认真做某事。

（1）宋奇：我得教训一下儿儿子了，要不然我这个当爸的一点儿威信都没了。

小丽：你吓唬他一下儿可以，但别动真格的，你要敢动手打孩子我跟你没完！

（2）李刚面试完新人回来感叹：“我这外语吧，平时也可以，可一到动真格的时候就掉链子了。”

14. 算老几（suàn lǎojǐ）

释义：反问语气，指人没有身份地位；数不上。相反的说法有“数一数二”“数得着”。

（1）宋奇回到家跟妻子抱怨：“这个马大姐，是挺讨厌的！今天居然把我教训一顿，说我能有今天，离不开你的帮助，不能有了地位就忘了贤妻。这话她跟我说得着吗，她算老几呀？”

（2）李刚：这个月我们部门要是完不成任务，我担心年终奖会泡汤。

小茹：你算老几呀？天塌下来有高个儿顶着呢，不是还有经理呢吗？你操什么心？

15. 不识抬举（bùshí-táiju）

释义：不接受或不珍视别人对自己的好意（用于指责人）。

（1）老朱生气地对老伴儿道：“宋奇这小子不识抬举，我请他喝酒是看得起他，没想到他怕老婆，居然找借口拒绝我。”

（2）宋奇：你嫂子想教你做几道菜，周末你和小茹有时间吗？

李刚：挤时间我们也得去呀。嫂子这么重视我们的事，我要不领情，那不是不识抬举吗？

16. 有鼻子有眼儿（yǒu bízi yǒu yǎnr）

释义：叙述事情时详细具体，说得很逼真。

（1）老朱：宋奇，快借我 2 万块钱，我儿子出车祸住院了，要交住院押金。

宋奇：我这就带钱过去，您别慌乱，有可能是电信诈骗。

老朱：不可能吧？是儿子朋友打来的，说得有鼻子有眼儿的！

（2）李刚告诉宋奇：“听说总经理要辞职，大家都传开了，说得有鼻子有眼儿的。”

17. 不管三七二十一（bùguǎn sān qī èrshíyī）

释义：（1）不顾一切；（2）不加区分。

（1）小丽吃了一口辣椒，辣得她受不了，一把夺过宋奇手中的啤酒，不管三七二十一“咕咚咕咚”喝了个精光。宋奇一旁都看傻了：“咱们家又要多个酒鬼了！”

（2）小丽临出门叮嘱宋奇：“你这次收拾房间小心着点儿，哪些能扔哪些不能扔你仔细挑选一下儿。别像上回似的，不管三七二十一全扔了，连我藏在空烟盒里的首饰也给扔了。”

18. 傻眼（shǎyǎn）

释义：因出现某种意外情况而目瞪口呆，不知道该怎么办了。

（1）小丽：我想把鞋退了，可营业员说，这鞋本来就是处理的，不能退换。

宋奇：傻眼了吧？我跟你说过，别图便宜，便宜没好货。

（2）宋奇一家开车自驾游，没想到开到荒郊野外车坏了。全家人一下子傻了眼，说这怎么办哪，连帮忙的人都找不着哇。

19. 不……白不……（bù…bái bù…）

释义：意思是不做某事也没有意义，所以应该去做。

（1）商店里购物抽奖，宋奇说都是一些不值钱的小玩意儿，不要了。小丽说："干吗不要？只要购物，人人有奖，不要白不要！"

（2）宋奇一家吃完自助餐回来，妻子小丽说："你看有些人，真不像话，总认为自己花了钱了，不吃白不吃，一下子拿那么多，结果吃不了都浪费了。"

20. 羊毛出在羊身上（yángmáo chū zài yáng shēnshang）

释义：得到的好处是取自获得者自身的。

（1）宋奇：儿子知道咱俩结婚纪念日，还给咱俩买了礼物呢。

小丽：羊毛出在羊身上，从我这儿拿的钱。

（2）新年，李刚从保险公司领回一份礼物。宋奇问他是怎么回事。李刚告诉他："羊毛出在羊身上。我一年交给它好几千元保险费，一次事故也没出，它给我一份礼物还不是应该的？"

21. 贪小便宜吃大亏（tān xiǎo piányi chī dà kuī）

释义：为了得到一个小的好处，结果却受了大的损失。

（1）小丽把前一天的剩菜拿出来，说热一热还可以吃。宋奇夺过来把菜倒掉，说："你净干这种贪小便宜吃大亏的事！上次吃坏肚子住院你忘了？住院费好几百，够买多少斤菜呀？"

（2）宋奇一早起床，发现睡衣成了调色板了，知道是新买的床单掉色。

他埋怨妻子："这床单是便宜，可这睡衣是李刚从国外给我带回来的礼物！你这不是贪小便宜吃大亏吗？"

22. 使出浑身解数（shǐchū húnshēn xièshù）

释义：使出全部的能力。

（1）小丽：我听说小茹母亲来了？是来考察她未来的女婿吧？

宋奇：对，李刚这段时间除了工作就是陪未来的丈母娘四处游玩。为了讨老人欢心可以说使出了浑身解数。

（2）李刚谈完生意回来向宋奇汇报："没谈成，我使出浑身解数，对方老总也不同意，说咱们给的价格太低了。"

23. 没咒念（méi zhòu niàn）

释义：没办法。

（1）小丽求丈夫宋奇："我爸妈非要卖掉房子，去海南生活。他们岁数越来越大了，身边没个亲人我能放心吗？老两口儿越活越固执，我是没咒念了，你去帮我劝解一下儿他们吧，你现在说话比我这个亲闺女管用。"

（2）宋奇：怎么样，对方同意了吗？

李刚：不行，我是没咒念了，他说什么也不同意，就要求咱们赔偿。

24. 碰一鼻子灰（pèng yì bízi huī）

释义：碰壁；遭到拒绝。

（1）小丽让丈夫宋奇去劝自己的父母，别去海南养老，宋奇回来，小丽问结果。宋奇说："你从我表情上还看不出来？肯定是碰一鼻子灰呀！"

（2）宋奇：李刚去总经理那儿请假了，我劝他别去，他不听。你猜会是什么结果？

小茹：碰一鼻子灰呗！现在咱们业务多忙啊，本来人手就不够，他还要请假！

25. 软硬不吃（ruǎnyìng-bùchī）

释义：态度强硬，对他人所采取的软硬手段都不接受。贬义。变化形式有“吃软不吃硬”。

（1）李刚对宋奇说他买房子后悔了：“楼上邻居真不是东西！半夜三更在楼上唱歌跳舞，好说好商量吧，他根本不在乎；我说报警，他说‘愿意报你报！’。真是软硬不吃，这什么人哪！”

（2）小丽：不知道儿子随谁，吃软不吃硬。你和他好说好商量，他能接受，相反，你越吓唬他，他越不怕。

宋奇：哼，随谁不知道，但我知道肯定不随你。你软硬不吃！

26. 不见棺材不落泪（bú jiàn guāncai bú luò lèi）

释义：（1）比喻没见到证据，不承认自己做了坏事；（2）比喻不到彻底失败的时候，不知道后悔。

（1）小丽进家门吸了吸鼻子，觉得味道不对，她问宋奇：“你是不是又抽烟了？”宋奇否认。小丽生气道：“我看你是不见棺材不落泪，等我翻出烟头儿，跟你没完！”

（2）小丽发现宋奇偷着抽烟，很生气：“你是不见棺材不落泪，等你得病就晚啦！”

27. 谋事在人，成事在天（móushì-zàirén，chéngshì-zàitiān）

释义：人应该努力做事，至于能否成功还要看运气。强调只要努力去做，不要考虑结果。

（1）和成信公司合作的事终于谈成，庆祝酒会上董事长给宋奇敬酒：“谋事在人，成事在天。合作能谈成，和你的努力是分不开的。放心吧，公司说话算数，一定重奖！”

（2）宋奇为老朱的儿子介绍生意：“这家公司和我们是关系单位，每个月都有大量的出口物资。你找一找他们经理，争取把这个活儿包下来。”老朱的儿子问：“这可是天上掉馅儿饼的好事，能成吗？”宋奇说：“谋事在人，成事在天。我可以从中帮忙，但最主要的是你自己要争气，要保证质量，注重信誉。”

巩固练习

一、根据课文内容选词填空。

（一）

悠着点儿　药罐子　饱食终日，无所用心 上西天　派上用场　不是个儿　硬着头皮　有两下子

赵映辉的父亲刚退休的时候还不适应，用他自己的话说，______________，快成______________了，只等着______________呢。老伴儿逼着他去跳广场舞。最初他是______________去的，没想到跳出感觉来了。年轻的时候学过乐器，如今______________了，乐感特好。现在天天晚上和一帮老头儿老太太切磋舞技，大家都夸他______________，结果夸骄傲了，和人叫板，不是这个不行，就是那个______________的。老伴儿怕他运动量太大，劝他______________。

（二）

打下手　耳听为虚，眼见为实　露一手 破天荒　捧臭脚　门缝里看人　没着没落

林海学父亲刚退休的时候也是______________的，开始学着做饭。最初

是给老伴儿______________，现在成了他们家的主厨了。林海学回家时他要______________，儿子哪相信这______________的事儿，说谁敢吃呀！他骂儿子______________。你别说，______________，等饭菜做出来，还真像回事！林海学夸父亲，说他绝对不输专业大厨。老头儿嘴上骂他______________，心里别提多高兴了。

（三）

傻眼　把戏　小恩小惠　不管三七二十一 贪小便宜吃大亏　有鼻子有眼儿　羊毛出在羊身上

林海学父亲遇到过电信诈骗，说他老伴儿被车撞了，让他赶快给医院打两万块钱住院押金，说得______________的。幸亏儿子提醒他，这都是骗子玩儿的______________。要真是______________把钱打过去，那不______________了？所以，提高老人的自我防护能力太有必要了。还有些不法之徒借办养生讲座之名高价推销保健品，采取一些______________的手段吸引老年人参加。有些老年人以为是白给的，不要白不要，可他们不明白，______________。结果______________，不少人甚至把养老钱都赔上了。

（四）

谋事在人，成事在天　使出了浑身解数　碰了一鼻子灰 没咒念　不见棺材不落泪　软硬不吃　狗拿耗子——多管闲事　买账

林海学妈妈已经买了几万块钱的保健品了，他爸______________，百般劝阻，可她根本不______________。爸爸实在______________了，问儿子怎么办。没想到林海学刚一开口就______________，妈妈声称花的是自己的钱，让他

别______________。用他爸的话说，他妈现在变成老顽固了，______________，谁劝都白搭，是______________！赵映辉觉得，______________，这种事做子女的也只能是尽力而为。

二、根据所设情境用提供的词语表达。

1. 妻子向丈夫诉苦："都说男孩子淘气，例子就在眼前。你看咱儿子，天不怕地不怕，哪儿危险去哪儿。玩儿的花样一个接着一个，你根本都想不到。就怕他有个什么意外，整天为他提心吊胆的。我又是威胁，又是讲道理，可以说是用尽了办法，可他什么都不在乎，根本不听我的。我现在是没办法了。"（耳听为虚，眼见为实　层出不穷　使出浑身解数　软硬不吃　买账　没咒念）

2. 妻子和丈夫商量："我爸要过八十岁生日了，你朋友送的这瓶好酒，正好用上了。老爷子一高兴又得骂你会讨好了。生日宴的时候你主厨，做菜你行，到时候表现一下儿，我给你帮忙。酒桌上控制好场面，让老爷子注意点儿，既喝高兴，也别喝多。"（派上用场　捧臭脚　有两下子　露一手　打下手　悠着点儿）

3. 你跟亲戚说自己会做几道菜了，他不信。你告诉他："你别小看人呢，连我老婆都夸我有本事了。你要是不服气，咱俩可以切磋一下儿呀，你肯定不行。这样吧，为了让你相信，明天不是家宴吗？我的手艺正好能用上，到时候我表现一下儿，你尝尝我做的菜，你肯定会对我改变看法的。"（门缝儿里看人　有两下子　不是个儿　耳听为虚，眼见为实　派上用场　露一手　刮目相看）

4. 你告诉朋友，老板本来说要扣你奖金的，没想到后来又发给了你。朋友说："那钱本来就是你的，一定得要！这是老板玩儿的策略，给点儿好处。你技术好，他怕你走，别不懂！"（羊毛出在羊身上　不……白不……　把戏　小恩小惠　不识抬举）

5. 有人网上约你跑酷比赛，你拒绝了，女朋友感到欣慰，说："知道拒绝了？这可是第一次呀！我原来不同意你玩儿这项运动，就是担心你爱表现，遇到有人挑战，你肯定不服气，总觉得人家都不是对手！毕竟是有一定的危险性，当成个业余爱好自己玩儿玩儿可以，但别认真。”（破天荒　逞能　叫板　不是个儿　动真格的）

6. 哥们儿来见你，刚叹了口气，你问他是不是恋爱出问题了。他说：“我刚叹了口气，你就猜出了我的烦心事，可我喜欢的女孩儿却不懂我的心哪？去她家，去单位，结果都是遭拒。我已经用尽办法了，实在没办法了。你得给我出个主意呀，怎样才能赢得她的好感呢？哎，你跟我说实话，我就那么不招人喜欢吗？”（苦衷　碰一鼻子灰　使出浑身解数　没咒念　支着儿　待见）

7. 你遇到一位刚退休的长辈，关心他的生活。他向你诉苦：“一下子说不完哪！我现在是吃饱饭，什么事都没有，整天不知该干点儿什么，都成了病号了。说是享受人生，其实就是等着去上面报到呢！”（一言难尽　饱食终日，无所用心　没着没落　药罐子　往好里说是……，往坏里说就是……　上西天）

8. 你跟爱人聊同事：“他是不被开除不知道后悔！我跟他说过多少次，别收客户的东西，干吗贪图那点儿好处？可他也不听我的呀。那表情一看就是嫌我多事。这下倒霉了。老板要炒他鱿鱼了，不知道该怎么办了。”（不见棺材不落泪　小恩小惠　买账　狗拿耗子——多管闲事　这不　贪小便宜吃大亏　傻眼）

9. 同事问你听说小李的英雄事迹了吗。你告诉同事：“刚听说，说得像故事似的，听得我挺激动的！他现在还在楼下呢，被一帮记者围着。我还以为自己看花眼了呢，一打听才知道，英雄啊！听说撞车后火一下子就起来了，太突然了，围观的人全都不知怎么办了，只有他无所畏惧，抱起一块石头就冲了上去。要不是他砸窗救人，那人就活活烧死在车里了。都说人不能看外表，这就是例子呀！你说平时在公司里也没人在意他呀！以后还真不能小看人了，真人不露相，关键时刻方显英雄本色！”（有鼻子有眼儿　心潮澎湃　傻眼　不管三七二十一　人不可貌相　耳听为虚，眼见为实　待见　门缝儿里看人）

拓展练习

两人一组，根据以下各题的情境和对话提示设计表演内容，尽可能多地使用提示词语及本课学到的新熟语。

1. 小李要举行婚礼了，可女方的母亲对婚礼的安排不满意，拒绝参加婚礼。小李找媒人帮忙。

小李：我现在是彻底没辙了。我已经用尽办法了，可她妈妈说什么都不行，根本不接受。实在是没办法了，只好来找您。劝人您有办法，这个时候只有您能帮我了。

媒人：甭说好听的！你找错人了，我什么身份哪？这不是管错事了吗？这事得你长辈出面！这事也怨你，谁让你当初乱答应人家好处，最后又做不到呢！

△提示：傻眼　使出浑身解数　软硬不吃　买账　没咒念　硬着头皮　有两下子　助人一臂之力　捧臭脚　算老几　狗拿耗子——多管闲事　许愿　打折扣

2. 小李半年没工作了，答应帮他找工作的小王也始终没结果。小李在朋友小张面前抱怨小王。

小李：我现在是什么事都没有哇！他答应我说认识一个大老板，帮我找个工作没问题，可说得好听，到现在我这工作也没确定。他倒好，电话不接，人也没影儿了。都说他这个人好吹牛，看来真是事实呀！

小张：估计是躲着你呢。不是我看不起他，平时看他瞎张罗好像还有点儿能力，一办正经事就不行了。

△提示：饱食终日，无所用心　许愿　不在话下　着落　逞能　耳听为虚，眼见为实　门缝儿里看人　有两下子　动真格的

3. 王总想与人合作，但与此人过去相处得不太好。王总求老李帮忙。

王总：我就怕他不听我的。他要是不管不顾地把我赶出来，以后连合作的余地都没有了。我听说你跟他关系不错，你从中牵个线怎么样？试试看呗。

老李：情况变了，刚认识的时候都是普通工人，现在人家是大老板了。我可以去试试，不过我看可能性不大，很可能遭到拒绝，他肯定得骂我管闲事。但我了解，他这个人好说好商量能接受，要不然你当面向他道个歉呢？

王总：不必。你见到他以后用不着啰唆，直接告诉他，合作是必然。再这么单打独斗，早晚被淘汰，必须跟上时代了。他也不是那种不知好歹的人，合作双赢，他又不傻！

△提示：买账　不管三七二十一　撮合　谋事在人，成事在天　此一时，彼一时　够呛　碰一鼻子灰　狗拿耗子——多管闲事　吃软不吃硬　绕弯子　大势所趋　与时俱进　不识抬举

交际提示

当有人求助于你，你感觉自己无能为力时，你可以这么说：

1. 算老几

A. 我算老几呀？我这个能力哪帮得了你这个忙啊？

B. 你求我没用，我算老几呀，根本说不上话！

2. 没咒念

A. 这个忙我帮不上，我也没咒念。

B. 他要是不同意，我也没咒念。

3. 碰一鼻子灰

A. 你找我没用，我去也是碰一鼻子灰。

B. 我可以去试试，但你也别抱太大的希望，结果很可能是碰一鼻子灰。

4. 狗拿耗子——多管闲事

A. 你们两口子的事我出面不合适吧？别人还不得说我是狗拿耗子——多管闲事呀？

B. 我才不狗拿耗子——多管闲事呢！这事你找别人吧。

词语索引

D

E

F

G

H

N

P

Q

R